*Vera F. Birkenbihl*
*Alexander Christiani*
*Bodo Schäfer*
*Dr. Ulrich Strunz*

# Meilensteine zum Erfolg

*Vera F. Birkenbihl*

*Alexander Christiani*

*Bodo Schäfer*

*Dr. Ulrich Strunz*

# Meilensteine zum Erfolg

Die Deutsche Bibliothek – CIP-Einheitsaufnahme

**Meilensteine zum Erfolg** / Vera F. Birkenbihl / Alexander Christiani / Bodo Schäfer /
Dr. Ulrich Strunz – 3. Aufl. – Landsberg am Lech : mvg, 2000
ISBN 3-478-72660-3

3. Auflage 2000

Copyright© der Originalausgabe 1999 by birkenbihl media GmbH,
Bergisch Gladbach

Copyright©dieser Lizenzausgabe 1999 by mvg-verlag im verlag moderne industrie AG,
mit freundlicher Genehmigung der birkenbihl media GmbH, Bergisch Gladbach

Redaktion und Satz: Martina Rohfleisch
Gestaltung: edition wolkenburg, Rheinbreitbach
Umschlaggestaltung: Felix Weinold, Schwabmünchen
Druck- und Bindearbeiten: Ebner Ulm
Printed in Germany 072 660/01001002
ISBN 3-478-72660-3

# INHALT

## Thema 4 – GESUNDHEIT 144
## Dr. Ulrich Strunz: Nutzen Sie den biologischen Rückenwind

## Anhang

# Aktionsblatt

Wenn Sie einen Gedanken aus diesem Buch umsetzen möchten, dann notieren Sie ihn bitte hier, und beginnen Sie innerhalb der nächsten 72 Stunden, Ihr Vorhaben in die Tat umzusetzen.

_____

_____

_____

_____

_____

_____

_____

_____

_____

_____

_____

_____

_____

_____

_____

# Vorbemerkung zum Buch

Kennen Sie das Gleichnis von den Göttern, die einst verzweifelt nachgedacht haben, wie sie die wichtigste Wahr- oder Weisheit für die Menschen am besten vor ihnen verbergen könnten, um zu verhindern, daß sie sie zu früh finden (das heißt, ehe sie reif dafür sind)?

Einer schlug vor, sie ganz hoch in den Bergen zu verstecken. Aber dann meinte sein Nachbar: „Nein, denn wenn die Menschen beginnen, die Berge zu erklimmen, dann finden sie sie zu früh!" Also schlug er vor, sie tief ins Meer zu versenken! „Nein", sagte der nächste, „da bauen sie dann U-Boote und finden sie ebenfalls zu früh!" Und so ging es weiter: auf jeden Vorschlag kamen Einwände. Bis sie dann auf eine Idee kamen, wohin sie das für den Menschen Wesentlichste verstecken könnten.

Was glauben Sie? Welcher Ort auf dieser Welt ist so sicher, daß er einen gewissen Reifegrad garantiert, ehe die Menschen dort nachsehen werden?

Antwort: Die Götter versteckten sie im Menschen selbst! Da findet nur, wer nach innen blickt. Dazu muß man den rein äußerlichen (und materiellen) Zielen (bis zu einem gewissen Grad) entwachsen sein, denn es kosten weit mehr Kraft und Mut, den Blick (zeitweise) von der äußeren Realität abzuwenden. Damit aber schaffen wir die Grundlage für unsere wichtigsten Ein-Sichten. Übrigens gibt es ein hinreißendes Paradox: Wer regelmäßig nach innen blickt, wird dadurch im Außen weit mehr Klarblick bekommen. Das ist die Sahne auf dem Kuchen ...

Dieses Buch wird Ihnen einige hilfreiche Ein-Sicht-en anbieten, wobei Sie am meisten Entdecker-Freude und Gewinn haben werden, wenn Sie aktiv mitdenken (wie in den Seminaren aller vier Autoren). Wollen Sie das? Dann sorgen Sie bitte für Stift(e) und Papier, ehe Sie weiterlesen.

Wir Autoren wünschen Ihnen viel Spaß: sowohl für die spannenden Ein-Sicht-en als auch für die praktischen Konsequenzen, die Sie ziehen werden ...

Ihre

## Thema **1** PERSÖNLICHKEIT

# Die Referentin:
# Vera F. Birkenbihl

*Die Leiterin des Instituts für gehirn-gerechtes Arbeiten, Vera F. Birkenbihl, ist eine der erfolgreichsten Autorinnen und Referentinnen in Europa. Die Gesamtauflage ihrer Bücher, Kassetten, Videos und Sprachkurse liegt bei anderthalb Millionen (Übersetzungen nicht mitgerechnet). Die Schwerpunkte ihrer Vorträge und Seminare sind neben Brain-Management: Kommunikation, Streß-*
*bewältigung, Erfolgspsychologie, Zukunftstauglichkeit, Service und natürlich lebenslanges erfolgreiches Lernen.*

*Seit 1970 haben 350 000 Menschen sie in Vorträgen und Seminaren live erlebt. Zu ihren Kunden gehören u.a. Alkor, Bahlsen, Bertelsmann, BMW, Citroën, Hewlett Packard, 3M, Mercedes Benz, Procter & Gamble, Quelle, Siemens, Sony, Vereinigte Versicherungen ...*

*Ihr Stil ist „gehirn-gerecht", d.h. den Lesern und Teilnehmern vergeht die Zeit wie im Fluge, obwohl intensiv und ernsthaft – aber nie verbissen – gearbeitet wird.*

*Die Testzeitschrift „DM" nahm Trainer und sogenannte Scharlatane unter die Lupe und bescheinigt ihr, „eine der wenigen seriösen TrainerPersönlichkeiten in Deutschland" zu sein.*

*DM (7/1991)*

*„... Ihr Fanclub wächst beständig, ebenso wie die Auflagen ihrer zahlreichen Bücher, Audio- und Videokassetten. Sie ist Expertin für Lebenshilfe. Ihr Erfolgsgeheimnis: sie ist authentisch. Alle großen deutschsprachigen Magazine und diverse TV-Kanäle haben ihr in den letzten Jahren Referenzen erwiesen. Sie haben sich teils in Superlative („Deutschlands Management-Trainerin Nummer Eins") emporgeschwungen."*

*management & seminar (1/1992)*

# Entfalten Sie Ihr POTENZ-ial

In diesem Beitrag geht es um Ihren Erfolg bezogen auf:

- **Ihr großartiges Gedächtnis** (ab S. 16)
- **Ihr Energien-Management (z.B. weniger ärgern =>
  mehr Energien für das eigentliche Leben ...)** (ab S. 30)
- **Ihre Erziehung und Ihr POTENZ-ial** (ab S. 59)
- **Ihre Talente „finden"** (ab S. 64)
- **Infos gehirn-gerecht aufbereiten** (ab S. 69)

Wer mich von Seminaren oder durch Lesen kennt, weiß, daß ich gerne mit einer Denk-Aktivität ins Thema „einsteige". Wenn Sie Stift und Papier griffbereit haben, dann könnten Sie mit zwei kleinen Aufgaben beginnen ...

## Aufgabe Nr. 1: Ihre Assoziationen sind gefragt

Bitte nehmen Sie einen **separaten Zettel**, numerieren Sie ihn am linken Rand (senkrecht) von 1 bis 11, so daß elf „Zeilen" entstehen:

Es folgt eine (auf dem Kopf stehende) Liste mit elf Wörtern. Es geht darum, welche Gedanken und Ideen jeder dieser Begriffe bei Ihnen auslösen wird. Bitte schreiben Sie auf das separate Blatt drei Assoziationen in jede der elf Zeilen. Angenommen, der erste Begriff wäre *Regenschirm*, dann könnte das z.b. so aussehen:

| Nr. | Ihre Ideen, Gedanken, Assoziationen |
|---|---|
| ¾t | "!î" TB5',åÝ" "T9k̂>ÝZ |

Wichtig ist erstens, daß Sie den Begriff aus der Liste (im Beispiel also *Regenschirm*) keinesfalls notieren, sondern **sofort** Ihre spontanen Einfälle aufschreiben (deshalb sollen Sie die Liste ja erst ansehen, wenn Sie schreibbereit sind). Zweitens sind solche Assoziationen immer sehr individuell: ich bin sicher, daß **Ihnen** zu *Regenschirm* nie im Leben „Boxtel" eingefallen wäre (das ist ein Ort in Holland, an dem ich einst 14 Tage ununterbrochenen Regen erlebte), weil Ihre Assoziationen immer an Ihre persönlichen Erinnerungen gekoppelt sind. Sind Sie bereit, schnell und spontan Ihre Einfälle zu notieren? Dann drehen Sie jetzt das Buch um ...

11. Bifurkation
10. Enten
9. Reifen
8. Misthaufen
7. Opernglas
6. Trainingsanzug
5. Ratgeber/in
4. Erbtante
3. Potenzpille
2. Energiedrink
1. Restaurant

Wir kommen später auf Ihre Ideen zurück. Bitte legen Sie den Zettel vorläufig hinten ins Buch hinein, damit Ihre Blicke zwischenzeitlich nicht mehr auf Ihre Notizen fallen können. Danke.

# Aufgabe Nr. 2: Mini-Inventur

Die folgende Linie zeigt Ihnen ein **Spektrum** von 0 bis 100%.

*100%* ——————————————————— *0%*

Nun gilt es, Fragen bezüglich Ihrer Fähigkeiten mit Hilfe solcher Linien zu beantworten.

Beispiel: **Wie gut können Sie surfen?** Wenn Sie ein Super-Surfer sind, dann machen Sie Ihr Kreuzchen ganz links bei 100%, können Sie jedoch überhaupt nicht surfen, zeichnen Sie Ihr Kreuzchen am anderen Ende der Linie. Können Sie hingegen „einigermaßen" gut surfen, dann drücken Sie durch die Position Ihres Kreuzchens aus, wie gut/schlecht Sie Ihre Fähigkeit einschätzen, indem Sie es z.B. bei 30% oder bei 75% (vgl. Abbildung) einzeichnen.

*100%* ————————**X**————————— *0%*

So beantworten Sie bitte die folgenden vier Fragen:

1. Wie gut schätzen Sie Ihre Fähigkeit ein, **neue Fakten** zu lernen?

*100%* ——————————————————— *0%*

2. Wie gut schätzen Sie Ihr **Namensgedächtnis** ein?

*100%* ——————————————————— *0%*

3. Wie schätzen Sie Ihre **Intelligenz** ein?

*100%* ——————————————————— *0%*

4. Wie schätzen Sie Ihre **Kreativität** ein?

*100%* ——————————————————— *0%*

Diese Fähigkeiten sind in unserem Zeitalter enorm wichtig. Viele Menschen „fürchten" die **Informationsflut** des post-industriellen Zeitalters, in dem wir jetzt leben. Dabei sollten wir jedoch bedenken: So wie ein Fisch das Wasser zum Überleben benötigt, so braucht unser Gehirn permanente „Inputs", deshalb fühlt es sich in der sogenannten Informationsflut wohl, wenn der Gehirn-Besitzer lernt, sich darauf einzustellen! Denn es macht Spaß, mit Informationen zu „jonglieren", wenn man meine Metapher vom **Wissens-NETZ** zu nutzen weiß.

# Das Wissens-NETZ

Probleme haben wir ja niemals mit „leichten" Infos, nur mit solchen, die uns „schwer" vorkommen. Wovon aber hängt es ab, ob Ihnen viele „schwere" oder „leichte" Infos begegnen werden? Hier hilft uns nun die Idee des Wissens-NETZes! Vielleicht kennen Sie mein Denk-Bild bereits aus dem Brain-Management-Seminar (vgl. auch mein Buch *Der Birkenbihl Power-Tag*).

Die Metapher vom **Wissens-NETZ** ist extrem hilfreich, wenn wir verstehen wollen, warum uns manche Informationen „schwer", andere hingegen „leicht" **erscheinen**. Des weiteren hilft uns die Netz-Metapher auch, wenn wir uns eine Vorstellung darüber bilden wollen, wie wir neue Informationen so „verarbeiten", daß wir sie später wieder „finden", also **wie** das **Gedächtnis** funktioniert.

Stellen Sie sich vor: Alles, was Sie je gelernt haben, ist ein Faden in einem gigantischen Wissens-NETZ.

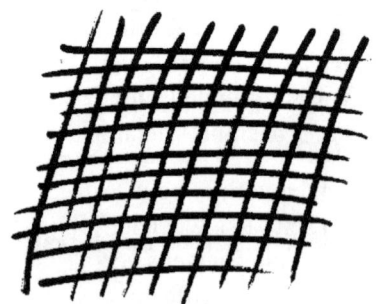

Neurophysiologisch bedeutet unsere Metapher: Jeder Faden im Netz repräsentiert eine sogenannte **bevorzugte Nervenbahn** im

Gehirn, wobei jede dieser Nervenbahnen jeweils mit Hunderten, Tausenden oder Hunderttausenden von anderen **Informationen** im wahrsten Sinne **vernetzt** sind. Weiter stellen wir uns vor, jede neue Info trüge an ihrem vorderen „Ende" eine Art Angel- oder Widerhaken: Kommt eine neue Info auf Ihr Wissens-NETZ „zugeflogen", dann

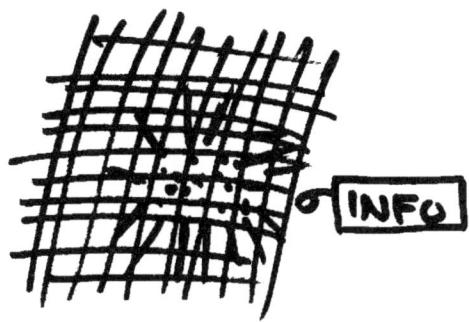

gilt: Gibt es hierzu bereits einen Faden im NETZ, wirkt dieser **wie ein Magnet,** der die neue Info „**magisch**" anzieht, so daß sie sich **vollautomatisch** (= ohne jede Mühe für den Gehirn-Benutzer) an **dieser** Stelle in das Netz einhakt!

Stellen Sie sich vor, eine **neue** Information käme auf Ihr Wissens-NETZ „zugeflogen" (z.B. ein Begriff, den Sie noch nicht kennen). Kann diese neue Info sich **nicht** sofort **ins Wissens-NETZ** einhaken, dann erhalten wir als Gehirn-Besitzer/in den **Eindruck,** diese Info sei „schwierig" bzw. unser Gedächtnis sei „schlecht" (oder wir seien „zu dumm" oder ähnlich).

Wenn Sie diese Eindrücke vergleichen mit jenen, die Sie bei der Übung mit der Wort-Liste erlebten und wie leicht Sie Ihre Assoziationen zu vielen dieser Begriffe notieren konnten, dann sehen Sie, daß jede Info, die sich bereits in unserem Wissens-NETZ befindet (z.B. die meisten Wörter aus dieser Begriffs-Liste), sofort Assoziationen auslösen wird, weil die einzelnen Fäden im Netz mit Hunderten oder Tausenden anderer Fäden verbunden sind (deshalb habe ich ja die Gedächtnis-Metapher vom **Netz** geschaffen).

Sie sahen vorhin, beim Aufschreiben Ihrer Assoziationen (Aufgabe Nr. 1, Seite 14), wie leicht Ihnen zu den **meisten** Begriffen **sofort** eigene (nämlich jeweils ver-NETZ-te) Ideen eingefallen sind, wobei die Liste der elf Begriffe mindestens einen Begriff enthält, zu dem die meisten meiner Seminarteilnehmer/innen **keine** Fäden im Netz haben, so daß ihnen zu diesem Begriff nichts (oder nicht viel) einfallen wird.

Nun möchte ich Ihnen gerne etwas beweisen, nämlich, **wie leicht es ist, aufgrund Ihrer eigenen Ideen die ursprüngliche Information wieder ins Gedächtnis zu rufen.** Wenn Sie bitte jetzt Ihr Blatt mit Ihren Assoziationen hervorholen und (optimal mit einem andersfarbigen Stift) versuchen, sich in jeder der elf Zeilen an den jeweiligen Begriff zu erinnern, der ursprünglich Ihre Assoziationen **ausgelöst** hatte. (Natürlich sehen Sie sich die Liste selbst erst anschließend – zur Kontrolle – an.)

**Auswertung:** Jeder der elf Begriffe, der Ihnen jetzt sofort wieder einfiel, demonstriert Ihnen, wie leicht es ist, wenn Sie genügend Fäden zu einem Begriff in Ihrem Wissens-NETZ haben. Daran „hängen" die ver-NETZ-ten Begriffe nämlich „dran". Ich nenne diese Art des **aktiven Erinnerns** eine **RE-KONSTRUKTION.**

**Frage:** Wie viele der ursprünglichen elf Begriffe konnten Sie jetzt leicht RE-KONSTRUIEREN?

❐ **Weniger als oder 5 Begriffe** – das **erwarten** viele Teilnehmer/innen aufgrund ihrer Erfahrungen mit normalen Lern-Versuchen!

❐ **6 bis 7 Begriffe** – unterhalb der Norm bei unserem Vorgehen!

❐ **8 bis 9 Begriffe** – das gelingt über 90% der Teilnehmer/innen!

❐ **10 bzw. 11 Begriffe** – das hängt davon ab, ob Sie das elfte Wort *Bifurkation* vorher kannten. Wenn ja, dann hatten Sie eigene Assoziationen in Ihrem Wissens-NETZ und konnten den Begriff anschließend wieder RE-KONSTRUIEREN, andernfalls FEHLT Ihnen dieser Begriff **beim Versuch sich zu erinnern,** weil Sie mit ihm **ursprünglich** nichts anfangen konnten. Diese Info ist vorhin an Ihrem Wissens-NETZ „vorbeigeflogen"...

Hätten Sie versucht, die elf Begriffe zu pauken, dann hätten Sie versucht, jeden Begriff (einzeln und isoliert) zu lernen. Wir wissen, daß diese Technik viel Aufwand kostet und wenig bringt. Wenn wir uns die Metapher vom Wissens-NETZ vor Augen führen, ist uns auch klar, warum es absolut nichts bringen kann, wenn wir pauken, das heißt eine neue Info mit Uhu an irgendeine Stelle kleben wollen, anstatt diese Info Teil des lebendigen Netz-Gefüges werden zu lassen (wie bei unserer RE-KONSTRUKTION vorhin)! Genau das taten wir bei der Aufgabe vorhin: Indem Sie **eigene** Gedanken notierten, machten Sie sich die Begriffe in der Liste zu **eigen**, weshalb Sie alle bekannten Begriffe hinterher leicht RE-KONSTRUIEREN konnten!

▶ **Testen Sie sich**: Wie viele der Begriffe aus unserer Restaurant-Liste von oben fallen Ihnen jetzt spontan wieder ein? (Bitte auf ein extra Blatt notieren.)

## Sie haben ein gigantisches Gedächtnis

Viele meiner Seminarteilnehmer/innen glauben, sie hätten ein sogenanntes schlechtes Gedächtnis. Aber das ist (bei gesunden Menschen) gar nicht möglich! Denn genaugenommen ist Ihr Gedächtnis die zentrale Einheit Ihrer **Persönlichkeit**: Zwar haben Sie den Eindruck, Sie seien heute derselbe Mensch wie vor fünf Jahren (plus ein paar Fältchen oder so), aber inzwischen wurden sämtliche Ihrer Atome ausgetauscht. Und doch können Sie diese Illusion eines beständigen „Ich" aufrecht erhalten, und zwar aufgrund einer **gigantischen Gedächtnisleistung**. Jeder Mensch, der einem Gespräch ohne Probleme folgen kann und der seine Freunde auch nach Jahren wiedererkennt, hat kein schlechtes Gedächtnis, nur ein schlecht genutztes.

Jetzt werfen Sie bitte einen Blick auf Seite 15, und **vergleichen Sie Ihre Selbsteinschätzung bezogen auf Ihre Intelligenz und Ihre Kreativität**.

Die meisten Menschen glauben, daß sie **entweder** intelligenter als kreativ sind **oder** umgekehrt (das heißt: wenn Sie Ihre beiden Kreuzchen senkrecht verbinden würden, dann wäre die Linie schräg). Dabei gehören diese beiden Fähigkeiten zusammen wie siamesische Zwillinge, denn:

Kreativität wie Intelligenz basieren auf Ihrem Gedächtnis, das heißt auf Ihrer Fähigkeit, schnell viele Assoziationen bilden zu können. Diese Assoziationen sind einerseits der Schlüssel zu Ihrer **Intelligenz**. Mit ihnen können Sie Ihr gigantisches Wissens-NETZ anzapfen, um intelligente Gedanken zu denken (oder intelligente Fragen zu stellen). Aber dasselbe gilt für Ihre **Kreativität**: Nur eine Person, die viele Assoziationen zu einer Idee „produzieren" kann, kann damit beginnen, einige Assoziationen in bisher unbekannten Verbindungen „herzustellen", und genau das ist die Quintessenz von Kreativität: neue Ver-BIND-ungen (neue Kombinationen bekannter Ideen)!

Und die Assoziations-Aufgabe hat Ihnen auch gezeigt: es gibt keine „schweren" oder „leichten" Informationen per se, denn **ob** eine Info **für Sie** „schwer" oder „leicht" ist, hängt **nur** davon ab, ob **Sie** zu dieser Info derzeit (keine, wenige oder viele) **Fäden** in Ihrem Wissens-NETZ besitzen sowie ob die vorhandenen Fäden mit wenigen oder vielen weiteren Fäden in Ihrem Wissens-NETZ ver-NETZ-t sind. Nun gibt es eine faszinierende Wechselwirkung:

- Je mehr Fäden Sie zu einem Begriff (Thema, Wissensgebiet) haben, desto leichter können Sie assoziativ auf diese zugreifen. **UND**:
- Je häufiger Sie sich darin üben, auf Ihre Wissens-Fäden zuzugreifen, desto mehr erhöhen Sie die Qualität der Ver-NETZ-ungen!

**Konsequenzen:**

1. Spiele (wie z.B. Stadt, Land, Fluß u.ä.) sind weit besser geeignet für die Entwicklung unseres Gehirns (inkl. Gedächtnisses) als die meisten TV-Programme, deshalb haben Menschen, die regelmäßig spielen, bessere Chancen in der Informations-Gesellschaft. Wobei man solche Spiele auch alleine spielen kann, sogar im Kopf (z.B. in der Badewanne oder Küche, beim Gassigehen, auf Reisen ...)!

2. Jede Erweiterung Ihres Wissens-NETZes schafft **neue** Fäden und bewirkt, daß der **Anteil** an „leichten" Infos (das heißt „leicht" **für Sie!**) in Zukunft wesentlich größer wird. Sie haben es also selbst in der Hand (genauer: im Kopf!).

**Ein wichtiger Tip**:

Nutzen Sie Ihr Wissens-NETZ bewußt, wenn Sie sich **neue Informationen merken** wollen (Unterricht, Meeting, Vortrag, Buch, TV-Dokumentation usw.). Notieren Sie von dem Gehörten/Gelesenen nur wenige Stichpunkte, fügen aber (und das ist das Wesentliche!) **Stichpunkte Ihrer eigenen Assoziationen** hinzu (vgl. das bahnbrechende Buch von Win WENGER/Richard POE: *Der Einstein-Faktor*).

Bitte erinnern Sie sich: Bei der Assoziations-Übung konnten Sie **genau diejenigen** Wörter leicht rekonstruieren, zu denen Sie beim ersten Durchgang in Ihrem Wissens-NETZ gute/viele Assoziationen (Fäden) gefunden hatten. Dasselbe Prinzip funktioniert auch in der täglichen Praxis. Wenn Ihnen beim Hören oder Lesen etwas „einfällt", dann werden Fäden in Ihrem Wissens-NETZ aktiviert. Wenn Sie diese „Einfälle" (Fäden) festhalten (Stichpunkte genügen!), dann sind **diese** später **mit den neuen Informationen ver-NETZ-t**, so daß Sie aufgrund Ihrer eigenen Assoziation das Neue wieder RE-KON-STRUIEREN können, was die Aufgabe Nr. 1 Ihnen bereits bewiesen hat.

# Erweitern Sie Ihr Wissens-NETZ

▶  Eine wirksame **Übung**, mit der Sie Ihr Wissens-NETZ systematisch erweitern, können Sie ganz nebenbei beim Fernsehen absolvieren. Schauen Sie drei- bis viermal in der Woche ca. fünf Minuten in eine Info-Sendung hinein, die Sie normalerweise nicht gesehen hätten, weil Sie das Thema (noch) für langweilig halten.

Ich mache das übrigens folgendermaßen: Ich schneide solche Sendungen regelmäßig auf Video (bevorzugt von Sendern ohne Werbung, z.B. den Dritten!) und lege diese „griffbereit". Wenn ich mir mal einen interessanten Film auf einem Privatsender gönne, dann lege ich eines dieser Videos ins Gerät und nutze jeden Werbeblock! Da dieser meist zwischen sechs und acht Minuten lang ist, kann ich (mit einem kleinen Timer) unbesorgt fünf Minuten lang in mein

Wissens-NETZ-Erweiterungs-Video gucken. Dann schalte ich das Video ab (nachdem ich noch kurz auf REWind gedrückt habe, damit ich beim nächsten Werbeblock die letzten Sekunden wieder sehe und somit den Anschluß sofort wieder finde). Nun bleiben immer noch zwei bis drei Minuten Werbung übrig; also kann man Notizen machen oder Getränke-Nachschub holen usw.

Auf diese Weise produzieren Sie leicht und „lässig" immens viele neue Fäden in Ihrem Wissens-NETZ. Ich garantiere Ihnen: Es tut nicht weh ...

▶   Eine weitere **Übung** haben Sie bestimmt schon einmal durchgeführt, ohne es sich bewußt zu machen, zum Beispiel, wenn Sie im Wartezimmer sitzen und lustlos in einer Zeitschrift blättern und sich nicht recht auf das Lesen eines Beitrags einlassen wollen, weil Sie jederzeit aufgerufen werden **könnten**. Plötzlich blättern Sie eine oder zwei Seiten zurück. Da war doch etwas! Kennen Sie das? Das Beispiel zeigt Ihnen: Ihr Unterbewußtsein ist immer auf Empfang! Machen Sie sich diesen Effekt zunutze: Blättern Sie Info-Material einfach nur durch, und „lassen" Sie Ihr Unterbewußtsein sortieren. Je genauer Sie wissen, was Sie interessiert, desto klarer werden die Signale Ihres Unbewußten: „Achtung!! – Hier ist etwas für dich!" Sie müssen also beileibe nicht alles wirklich lesen (um hinterher häufig festzustellen: Es hat sich nicht gelohnt).

Wenn Sie Ihr Wissens-NETZ ausbauen, schlagen Sie damit gleich zwei Fliegen mit einer Klappe:

1.  **Ihr Gedächtnis verbessert sich**, denn Sie haben nun noch mehr Assoziationsmöglichkeiten, das heißt „Fäden" zur Verfügung.

2.  Je mehr Sie Ihr Wissens-NETZ erweitern, desto mehr **neue Informationen fallen Ihnen leicht** und können demzufolge „schnell und leicht" begriffen und gelernt werden. Denn **je mehr Sie bereits wissen** (je mehr Fäden im Wissens-NETZ!**), desto leichter können Sie** (weiter) **lernen**.

# Sie lernen immer leichter

Die meisten Menschen waren froh, als sie die Schule verließen und glaubten, nun nicht mehr (viel) lernen zu müssen. Aufgrund ihrer Erfahrungen halten sie Lernen für mühsam. Aber wenn wir gehirngerecht vorgehen, ist das Gegenteil der Fall. Denn jede Lern- oder Wissenskurve (zu jedem Wissensgebiet) verläuft immer exponentiell. Exponentielle Kurven sind Kurven, die sich zunächst nur sehr langsam entwickeln, dann aber immer steiler werden. Ein gutes Beispiel ist die bekannte Kurve der Bevölkerungs-Explosion. Genauso „explodiert" das Wissen jedes Individuums. Dies leuchtet auch schnell ein, wenn Sie einmal darüber nachdenken.

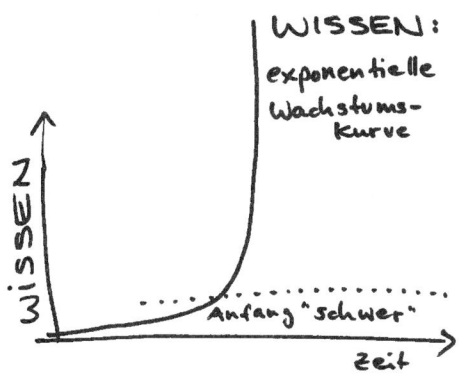

Stellen wir uns einen Gärtner vor, der seinen Beruf liebt: Als Kind „mußte" er irgendwann einmal lernen, daß es unterschiedliche Pflanzen gibt (Moose, Gräser, Blumen, Sträucher, Bäume ...); dann lernte er eine Menge Namen, z.B. für Teile von Pflanzen (Stengel, Stempel) sowie Namen von Arten (Nadelbäume) usw. Das heißt: Die ersten Fäden zu einem Thema im Wissens-NETZ anzulegen ist noch relativ schwer, was der Volksmund weiß (**Aller** Anfang ist schwer!).

Je mehr Fäden vorhanden sind, desto mehr Ver-BIND-ungen (Ver-NETZ-ungen) zu anderen Fäden ergeben sich und desto leichter wird es natürlich, weitere Detail-Fäden an vorhandene Fäden anzu-BIND-en (ich nenne das „häkeln").

Deshalb wird die Wissenskurve (zu diesem Thema) immer steiler, so daß unser Gärtner **heute in zwei Stunden dieselbe Menge** an Infos (in Bits gerechnet) lernen kann, für die er **anfangs zwei Jahre** gebraucht hätte!

**Dies gilt für jedes Wissens-Gebiet, auf das Sie sich begeben (müssen):** Anfangs ist es für Sie (noch) „schwierig", deshalb kommt Ihnen das Erarbeiten der Grundlagen immer mühsam vor. Langsam wird es leichter, und schließlich wird es kinderleicht!

## Ihr Namensgedächtnis

Auch für den Bereich Namen könnten Sie so eine Wissens-Kurve anlegen.

**Überprüfen Sie bitte einmal auf Seite 15**, ob Ihre Kreuzchen für Ihr **Fakten-** und Ihr **Namensgedächtnis** direkt **untereinander** stehen. Bei den meisten Menschen ist das nämlich nicht der Fall.

Ich glaube, mein Namensgedächtnis ist
- ❐ besser als
- ❐ schlechter als
- ❐ genauso gut wie mein Faktengedächtnis.

Dies ist in der Tat erstaunlich. Viele Leute glauben nämlich, sie hätten ein schlechteres Namens- als Faktengedächtnis. Überlegen Sie doch bitte: Neue Fakten sind meist auch mit neuen Namen (z.B. für Materialien oder Prozesse) verbunden. Sie haben in den letzten Jahren die **Namen vieler neuer Begriffe** gelernt und benutzen diese mittlerweile ganz automatisch, z.B. CD, Satellit, Astra, Handy, Surfen (im Internet), Provider, etc. Warum, meinen Sie, gelingt Ihnen das nicht mit **Namen von Personen**? Glauben Sie wirklich, in Ihrem Gehirn sitzt ein kleiner Info-Manager, der regelmäßig brüllt: „Halt, das ist der Name einer **Person**, und **das** kann ich nicht!"? Das ist doch wohl einigermaßen unwahrscheinlich.

Wenn Sie einen Namen vergessen haben, dann fragen Sie sich bitte: Haben Sie ihn überhaupt wahrgenommen? Da nuschelt Ihr Gegenüber vielleicht seinen Namen (völlig unverständlich), Sie murmeln: „Sehr erfreut", aber verstanden haben Sie nichts, und am nächsten Tag beklagen Sie Ihr angeblich so schlechtes Namensgedächtnis. Dabei gilt jedoch: Das Lernen von Namen verläuft genauso wie das Lernen von irgendwelchen Informationen – es hängt von Ihren Fäden im Netz ab.

Wenn Ihnen jemand seinen Namen nennt, fragen Sie sich sofort: „Habe ich dazu Fäden im Netz oder noch nicht?" Der erste „Prohaska" ist noch völlig fremd (kein Faden im Wissens-NETZ) und deshalb schwer, der zweite wird schon leichter, und der dritte ist kinderleicht. Solange Sie bewußt feststellen, daß Sie zu etwas noch keinen Faden im Netz haben, gilt die Regel: Knüpfen Sie einen Hilfsfaden – die sogenante Eselsbrücke. Wir kommen gleich darauf zurück (vgl. auch mein Buch *Stroh im Kopf?*).

## So ist Lernen kinderleicht

Die zehn Begriffe* aus unserer Liste auf Seite 14 **symbolisieren** isolierte Informationen, die Sie aus irgendeinem Grund lernen möchten (sollen). Wie können Sie vorgehen? Nun, natürlich könnten Sie sie endlos wiederholen, bis Sie sie sich schließlich eingeprägt haben. Aber dabei würden Sie sich ziemlich unwohl fühlen, denn dieses stupide Auswendiglernen beleidigt Ihren wachen Intellekt. Auf diese Weise können wir vielleicht etwas kurzfristig für eine Prüfung lernen, doch danach haben wir es schnell wieder vergessen.

Viel sinnvoller, weil gehirn-gerecht, wäre es, wenn wir uns eine Eselsbrücke bauen, z.B. indem wir die zehn Elemente zu einer Geschichte

---

* Den elften Begriff *Bifurkation* benötigen wir ab jetzt nicht mehr, denn er wurde gewählt, weil die meisten Leser/innen ihn noch nicht kennen. Es handelt sich um einen Begriff aus der Chaosforschung – der eine bestimmte Art der Verzweigung beschreibt –, den man auch nicht unbedingt kennen muß.

ver-NETZ-en und somit im Wissens-NETZ miteinander verknüpfen. Nun ist die Story **eine** Art von Eselsbrücke; bei Aufzählungen (wie unsere Restaurant-Liste: 1. Restaurant, 2. Energiedrink ... usw.) kann jedoch eine **andere** Art von Eselsbrücke sinnvoll sein, nämlich jede **Zahl** (in der Reihenfolge) per Eselsbrücke mit dem zu lernenden **Begriff** zu ver-BIND-en. Ein Beispiel: Nr. 1 ist gleich Kerze, weil sowohl die Eins als auch die Kerze eine längliche Form haben; Nr. 2 ist gleich Schwan, weil die Form eines stilisierten Schwans an die Ziffer Zwei erinnert usw.

Wir können auch ganz besonders clever vorgehen, indem wir **beide Arten von Eselsbrücken** miteinander **verknüpfen**; so schaffen wir weit mehr Ver-BIND-ungen, weil wir die Infos untereinander (Reihenfolge und Begriff) miteinander ver-NETZ-en. Auf diese Weise knüpfen wir nicht nur parallel **zwei assoziative Ketten**, sondern wir bieten dem Gedächtnis gleich richtige neue Ver-BIND-ungen an. Somit wird uns später zu jedem Begriff einfallen: **entweder** die Eselsbrücke zur Zahl (in der Reihenfolge) **oder aber** die Assoziation, die sich aufgrund der Story ergibt, **oder aber beides!**

Lassen Sie mich Ihnen eine solche Kombination von Zahlen-Eselsbrücke-mit-Story anbieten. Bitte bedenken Sie jedoch: Mein Angebot basiert natürlich auf **meinen** Wissens-NETZ, das heißt, es kann sein, daß Ihnen **manche** Eselsbrücken für die Reihenfolge oder manche Teile meiner Story nicht gefallen oder einleuchten, weil Ihr Netz anders ist. Registrieren Sie das bitte ganz bewußt, denn genau das möchte ich Ihnen ja demonstrieren. Entwickeln Sie ein Gefühl dafür! Denn das brauchen Sie, wann immer Sie mit einem anderen Menschen Infos austauschen. Es wird nie passieren, daß zwei Menschen **jedes** Detail dieser Infos gleich interessant, gleich „einleuchtend" oder gleich wichtig finden werden, weil jeder ein anderes Wissens-NETZ hat.

Lassen Sie mich dies an einem konkreten Beispiel „aufhängen": In unserer Liste hat der/die Ratgeber/in die Nr. 5. Wie können wir nun den/die Ratgeber/in mit der Zahl fünf **ver-BIND-en**? Ich biete Ihnen zwei Möglichkeiten an:

1. Nehmen wir an, Sie seien Peanuts-Fan (Sie kennen die Zeichentrickserie mit Charlie Brown, Snoopy und Lucy?). Dann haben Sie in Ihrem Wissens-NETZ den Faden, daß Lucy für **5** Cents einen Ratschlag erteilt. Dies fällt Ihnen sofort spontan ein (und zu!). Wenn Sie jedoch mit den Peanuts nichts anfangen können, dann kann Ihnen die Lucy-Ver-BIND-ung nicht einfallen! Also gefällt Ihnen möglicherweise die folgende Idee besser:

2. Es gibt nun einen neuen Service in Deutschland. Sie können ab jetzt telefonisch eine gültige Rechtsauskunft erhalten. Dieser Dienst kostet DM **5.–** pro Minute (also kosten zehn Minuten telefonieren DM 50.–, im Vergleich zum herkömmlichen Anwaltshonorar sehr preisgünstig). Diese Info ist eine gute Eselsbrücke für jeden Menschen, dessen Wissens-NETZ die Fäden Telefon(kosten) & Rechtsanwalt enthält.

Die folgende Übung soll Ihr Gefühl für diesen Wissens-NETZ-Vergleich entwickeln helfen. Lesen Sie die Schilderung langsam, und registrieren Sie bei jedem Gedanken bewußt, inwieweit Ihr und mein Wissens-NETZ sich ähneln (meine Argumentation gefällt oder leuchtet Ihnen „sofort" ein) – oder aber nicht.

In diesem Fall **kann** Ihnen **meine** Eselsbrücke **nicht helfen**. Dann müssen Sie **erstens** mein Angebot zurückweisen und sich **zweitens** eine bessere Eselsbrücke bauen. Alles klar? Dann beginnen wir mit dem ...

1. ... **Restaurant** (Nr. **1**). Dieses Restaurant hat gerade den **1.** Preis eines Feinschmecker-Magazins bekommen (deshalb die Nr. **1**).

2. Das Restaurant wird nun betreten von einem jungen **Paar** (= zwei Personen für Nr. **2**), die **2 Energiedrinks** bestellen.

3. Dann gehen sie nach Hause. Sie können sich nun selbst ausmalen, was sie wohl dort treiben, nachdem er die **Potenzpille** geschluckt hat. Dies passiert auf Nr. **3** (drei), weil ein Mann plus eine Frau damit einen **dritten** Menschen zeugen können (also $1 + 1 = 3$!).

4. Auf Platz vier gibt es die **Erbtante**, die unser junges Paar jeden Sonntag um **4** Uhr heimsucht. Und weil man sie ja irgendwann einmal beerben möchte, akzeptiert man das. Aber glücklich ist das junge Paar nicht darüber, und so überlegen sie sich, ob sie nicht ...

5. ... jemanden um Rat bitten, also eine/n **Ratgeber/in** aufsuchen sollten (vielleicht könnte man ja das Sonntags-Problem irgendwie lösen?). Über die mögliche Verbindung zwischen einem/einer Ratgeber/in und der Zahl **5** sprachen wir bereits, so daß Ihnen an dieser Stelle Peanuts (Lucys Rat für **5** Cents) oder telefonische Rechtsauskunft (für DM **5**.–/Min.) einfallen können.

6. Das junge Paar kommt nun auf die Idee, seine Nachbarin in dieser Sache zu befragen. Die Nachbarin rennt derzeit **6**-mal pro Woche mit einem **Trainingsanzug** durch die Gegend, denn sie hat den Beitrag von Dr. Strunz (Seite 144 bis 182) bereits gelesen! Aber warum geht sie nur sechs Tage in der Woche joggen und nicht sieben? Antwort: Noch hat sich bei ihr kein Trainingseffekt eingestellt, deshalb macht ihr das Joggen noch keinen Spaß. Sie muß sich täglich zwingen, somit ist Joggen noch „Arbeit" für sie. Und am Tag des Herrn darf sie nicht arbeiten, deshalb joggt sie derzeit nur an sechs Tagen die Woche.

7. Am **7.** Tag der Woche gehen manche Leute ins Theater oder in die Oper, wo sie ein **Opernglas** benutzen. Unser junges Paar kommt auf die Idee, diese Nachbarin in die Oper einzuladen (um anschließend von ihr einen Rat zum Thema „Erbtante" zu erbitten). Da fragt der junge Mann plötzlich, wo sich eigentlich ihr Opernglas befindet. Wie sie danach suchen, fallen ihnen die Fotos ihres letzten Urlaubs in die Hände!

8. Es war ein **8**-tägiger Kurzurlaub auf dem Bauernhof. Der Bauer ist sehr clever, er hat nämlich seinen Hahn dressiert, erst um **8** Uhr auf dem **Misthaufen** zu krähen, damit die Touristen länger schlafen können.

9.  Als nun unser Paar in Urlaubserinnerungen schwelgt, fällt ih-
    nen ein, daß sie demnächst die Winterreifen aufziehen müssen.
    Ein gutversorgtes Auto hat schließlich **9 Reifen**: vier für den
    Sommer, vier für den Winter und einen Reservereifen (4 + 4 + 1
    = 9).

10. Zuletzt fällt der Blick der jungen Frau auf eines der Fotos, es
    zeigt die **Enten** am Urlaubs-See, und dazu fällt ihr ihre Oma
    ein, weil diese tagtäglich um **10** Uhr die Enten in ihrem Park
    füttert ...

Jetzt haben wir die zehn Begriffe so verbunden, daß Ihnen nun entweder die Ver-BIND-ung zur Nummer oder zur Geschichte (oder zu
beidem) einfallen müßte. Dies können Sie hier sofort testen: Versuchen Sie jetzt bitte, die wichtigsten Stichwörter der Story zu RE-
KONSTRUIEREN.

1.  *¢Ý:>!C5!">T'¾tTr5Ýι:–*

2.  _____

3.  _____

4.  _____

5.  _____

6.  _____

7.  _____

8.  _____

9.  _____

10. _____

**Konnten Sie mehr als acht Begriffe rekonstruieren?** Herzlichen
Glückwunsch! Hätten Sie sich das vorher zugetraut? (Die meisten
meiner Seminar-Teilnehmer/innen verneinen das.)

Bitte berücksichtigen Sie: Sie haben nichts gepaukt, das heißt Sie haben **nicht gelernt** (im herkömmlichen Sinne). Sie haben **lediglich aufmerksam mitgedacht**. Der Schlüssel, Informationen dauerhaft in Ihrem Netz zu verankern, ist nämlich Ihre **AUF-MERK-samkeit**.

Bitte versuchen Sie nie wieder in Ihrem Leben, *konzentriert* zu lernen. **AUF-MERK-samkeit** bedeutet, daß Sie sich den neuen Infos erstens **öffnen** (**AUF**-machen) müssen und zweitens, daß Sie sich diese dann auch leicht **MERKEN** werden. Im Gegensatz zur **Kon-ZENTR-ation**: Hier wollen wir nämlich unsere Energien fokussieren, das heißt auf einen Punkt ZENTR-ieren; das ist genaugenommen die ZU-MERK-samkeit. Sie können konzentriert mit den Fäden in Ihrem Netz spielen, das heißt, Sie können konzentriert nachdenken oder Probleme lösen, weil Sie dabei **mit Vorhandenem spielen**. Aber Sie können **nicht konzentriert** AUF-nehmen, das geht nur AUF-MERK-sam! Jeder Versuch, konzentriert zu lernen, ist eine Vergeudung unserer wertvollen Ressource ENERGIE, was uns zum nächsten Schwerpunkt bringt ...

# Das Energie-Modell

Stellen Sie sich ein Rechteck mit einzelnen Unterteilungen vor (vgl. auch *Der Birkenbihl Power-Tag, 1999*):

## A-Energien

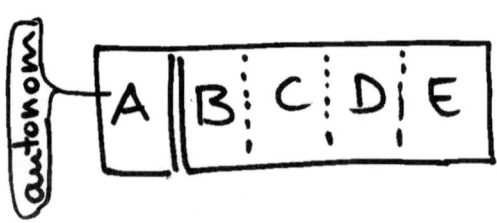

Jeder dieser Abschnitte steht für bestimmte Arten von Energien, nämlich: A-, B-, C-, D- und E-Energien. Beginnen wir mit A: A steht für „autonom" (oder automatisch), das heißt unser Organismus benötigt A-Energien für autonome Prozesse, z.B. Verdauung, Atmung, Heilungsprozesse. Im Klartext: A-Energien sollen das „nackte Überleben" (des Körpers) „finanzieren".

## B-Energien

Jetzt geht es um das *psychologische Überleben*, denn der zweitwichtigste Bereich der B-Energien hat mit unserem Selbstwertgefühl zu tun. Das „B" steht für *bin*. Dabei geht es um die (oft bange) innere Frage „*Bin* ich ok?".

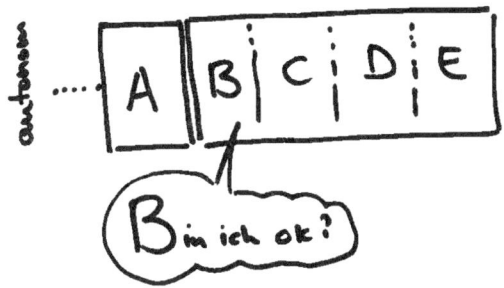

Stellen Sie sich in Frage oder fühlen Sie sich angegriffen (z.B. durch Kritik), dann verschieben sich die Trennwände zwischen den Abteilungen, weil sich der **B-Bereich jetzt mehr Energie** holt, was natürlich dementsprechend weniger für die anderen Bereiche übrigläßt.

Somit ist der B-Bereich ausschlaggebend dafür, wie viele Energien wir für alle wichtigen Aufgaben im Leben „übrig" haben werden. Deshalb gilt: Unser Selbstwertgefühl ist der zentrale Faktor: Fühlen wir uns ok, dann haben wir **jede Menge Energien frei**, mit denen wir **die wichtigen Projekte unseres Lebens** „finanzieren" können. Leidet hingegen unser Selbst-Bild, dann verbraten wir Unmengen von Energien, weil wir jetzt Verteidigungs-Manöver (Rechtfertigungen, Schuldzuweisungen u.ä.) „finanzieren" müssen. Wir erleben diese Energie negativ in Form von unangenehmen Gefühlen (Frust, Ärger, Wut, Zorn), wobei **Ärgergefühle** wohl am meisten Zeit und Energien fressen.

Um festzustellen, wie es um Ihren B-Bereich steht, helfen Ihnen folgende zwei Fragen, die Sie sich regelmäßig stellen können:

**1. Wie gerne mögen Sie sich?**

Wer sich ständig über sich selbst ärgert, wer sich laufend für nicht-ok hält, der verbrät zu viele B-Energien und hat dann zuwenig für die eigentlichen Aufgaben des Lebens übrig, was sich wiederum negativ auf den B-Bereich auswirkt! Deshalb werden wir schon in der Bibel dazu aufgerufen, unseren Nächsten so zu lieben **wie uns selbst**. Wer sich selbst nicht mag, kann auch andere nicht mögen!

**2. Wie gerne mögen Sie andere?**

Wer sich ständig über andere Menschen aufregt, vergeudet regelmäßig sowohl Zeit als auch Energien. Unabhängig davon, ob Sie Ihren Ärger aggressiv nach außen äußern oder ob Sie ihn in sich hineinfressen – Ärger kostet immer Zeit und Kraft. **Zeit**, weil wir in Minuten oder Stunden des Zorns kaum einen klaren Gedanken fassen können (von „Leistung erbringen" ganz zu schweigen), und Kraft, weil **Ärger** Energien kostet, die für sinnvolle Tätigkeiten nicht mehr zur Verfügung stehen. Deshalb ist die **Häufigkeit von Ärger** ein guter Indikator dafür, wie viele unserer wertvollen Energien wir für unseren persönlichen Erfolg zur **freien** Verfügung haben (deshalb erhalten Sie am Ende dieses Abschnittes sowohl zwei konkrete ANTI-Ärger-Maßnahmen als auch zwei sehr schöne Wohlfühl-Strategien, einverstanden?).

## C-Energien

Der Buchstabe „C" steht für das griechische Wort für „Zeit", genauer: für **zwei** Zeit-Begriffe im Griechischen (*chronos* und *chairos*).

Die erste Art von Zeit (*chronos*) entspricht dem Zeit-Konzept der westlichen Industrienationen und kann als *Zeitpfeil* dargestellt werden. Hier wird Zeit als Strich oder Pfeil gezeichnet, von links kommend und nach rechts weisend, z.B. so:

Diese Idee von *Zeit* entspricht dem griechischen Begriff *chronos*. Das ist die *lineare Zeit*, an die wir normalerweise denken.

Assoziationshilfe ist der Begriff *chronologisch*, der sich von *chronos* ableitet. Hier geht es wieder um den Zeitpfeil: diese Art von Zeit „fließt" oder „schreitet" stetig voran. Sie **treibt uns an,** und von ihr haben wir anscheinend immer zuwenig.

In der zweiten Variante (*chairos*) ist der Zeit-*Punkt* gemeint. *Chairos* beschreibt auch, was wir als *Hier-und-Jetzt* bezeichnen. Denken Sie an ein Kind, das sich einer Sache vollkommen hingibt. Es ist völlig im Hier-und-Jetzt „versunken", genaugenommen verspürt es KEINERLEI Verstreichen der Zeit. Es ist eins mit dem, was es gerade untersucht oder zeichnet oder spielt. Es

befindet sich sozusagen in einer *Zeitblase*, eben jenem magischen Zeit-Punkt der, wie ein geometrischer Punkt, keinerlei Ausdehnung hat.

Und nun denken Sie an einen Erwachsenen, der von einer (un-)wichtigen Tätigkeit zur nächsten hetzt. Oft vergeht ihm die Zeit zu schnell, er fühlt sich von der Zeit gedrängt – aber es ist *chronos*, nicht *chairos*.

*Chairos* drängt nicht, *chairos* ist das *Hier-und-Jetzt,* und das Hier-und-Jetzt kann uns nicht drängen.

Deshalb gilt die „Spielregel": Je mehr Sie sich von *chronos* gedrängt fühlen, desto wichtiger ist es, ein wenig *chairos* in Ihr Leben zu lassen (z.B. Mini-Entspannungsübungen, ein Spaziergang, bei dem die Seele baumeln darf, ein Wohlfühlbad usw.)

## D-Energien

Das „D" steht für die DURCHFÜHRUNG von Tätigkeiten, die wir im weitesten Sinn als *Arbeit* bezeichnen. Damit meinen wir alle Arten von **Leistungen**, die Sie erbringen, nicht nur Arbeiten, für die Sie bezahlt werden. Dazu gehört die Arbeit im Haus(halt) genauso wie das Üben mit einem Musikinstrument oder das Training auf dem Sportplatz. In der Physik ist *Arbeit* das, was Energie kostet.

In unserem Denk-Modell steht das „Budget" von D-Energien für die bewußte DURCHFÜHRUNG von Tätigkeiten (die es „finanzieren" soll), im Gegensatz zur bewußten Auseinandersetzung mit Neuem (darüber gleich mehr).

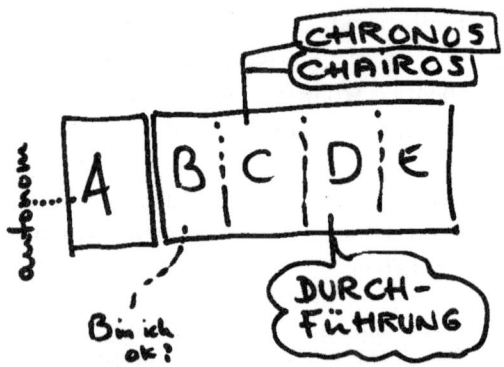

Je mehr D-Energien Sie zur freien Verfügung haben, desto besser können Sie Arbeiten durchführen, das heißt **leisten**, was natürlich Ihr Selbstwertgefühl positiv beeinflußt!

Im umgekehrten Fall drückt Ihr mangelndes Leistungsvermögen auf Ihr Selbstwertgefühl, wodurch sich der bereits aufgeblähte B-Bereich noch mehr Energien holt. Dies hat sofort Auswirkungen auf C, weil Sie sich jetzt noch mehr von der Zeit (das heißt von *chronos*) gehetzt fühlen. Je weniger Sie energienmäßig klarkommen, desto mehr wird sich sofort der Leistungs-, also der D-Bereich verschlechtern usw. Erkennen Sie die **Wechselwirkungen** zwischen den einzelnen Energie-Abteilungen? Dann leuchtet Ihnen ein, warum die meisten Menschen zuwenig E-Energie übrig haben.

# E-Energien

Der E-Bereich steht für lebenslanges **Lernen** (**Plastizität** des **Gehirns**), also für die **Evolution des Individuums.**

Je intelligenter ein Lebewesen ist, desto mehr gilt die Regel: **Leben IST Lernen.** Dies ist natürlich nur möglich, wenn wir **genügend E-Energien** zur Verfügung haben! Wenn wir uns aber aufgrund von alten Programmen aus unserer Erziehung (z.B. ANTI-Fehler, ANTI-Freude, ANTI-Anders; wir kommen gleich darauf zurück) ständig in Selbstzweifel stürzen und zuviel B-Energie für die Aufrechterhaltung (oder den Wiederaufbau) unseres Selbstwertgefühls verbrauchen oder wenn wir zuviel unserer wertvollen Lebens-Kraft für Ärger „verbraten" (was ebenfalls vom B-Bereich zehrt), dann haben wir zuwenig E-Energie übrig, um diese in unsere körperliche wie geistige Fitneß zu „investieren". Deshalb bietet dieser Beitrag Ihnen ja auch konkrete strategische Ansätze an, mit denen Sie Ärger-, das heißt B-Energien **einsparen** können, damit Sie mehr E-Energie für das eigentliche Leben frei haben.

Der E-Bereich steht für lebenslanges Lernen, dabei geht es jedoch nicht nur um Fakten-Lernen, sondern in besonderem Maße auch um unser **geistig/seelisches Wachstum**, die **Er-WEIT-erung** unserer „Insel" (ab Seite 39 finden Sie eine kurze Erklärung des Insel-Modells; vgl. auch *Der Birkenbihl Power-Tag* und *Erfolgstraining*) die **Ent-faltung** und **Ent-wicklung** unseres POTENZ-ials, die mit spannenden **Ent-deckungen**, mit **Neugierde** und der **Fähigkeit für Faszination** einhergeht.

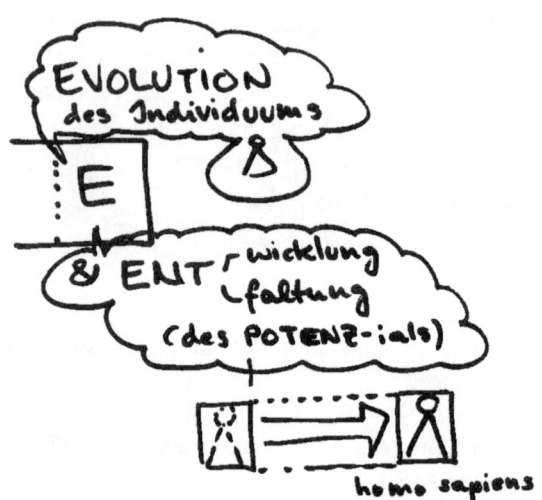

Ich möchte Ihnen meine Meinung nicht aufdrängen, aber ich biete Ihnen hier einen Gedanken an, der ein Fixstern in meinem Leben ist, nämlich:

> **Seelisch/geistiges Wachstum,**
> **Evolution als intelligente Wesen,**
> **darin liegt die eigentliche**
> **Aufgabe des Menschen!**

Darin unterscheiden wir uns nämlich maßgeblich von den Fröschen (real und metaphorisch) dieser Erde. Diese können sich nämlich (soviel wir wissen) seelisch nicht dramatisch entwickeln, werden aber andererseits auch nicht durch störende Erziehungsprozesse an ihrer Ent-faltung gehindert wie wir ...

# Die Rolle der ANTI-Programme (aus unserer Erziehung)

Sie traten in diese Welt ein und hatten null Ahnung, was richtig oder falsch, ok oder nicht-ok, wichtig oder unwichtig sein würde. Für Sie war damals **alles** wichtig, richtig und ok Aber dann kamen diese großen Leute und begannen, Ihnen die Welt zu erklären. Sie erlebten, was bei diesen Leuten Zorn auslöste, und so lernten Sie erstens, was anscheinend nicht-ok war und zweitens, daß man mit Zorn reagieren muß, wenn es passiert. Langsam entwickelten Sie sich zu einem braven Mitglied Ihrer Familie, Schule, Firma, Gemeinde usw.

Je ähnlicher andere Menschen erzogen wurden, desto leichter finden wir den Umgang miteinander! Und umgekehrt: Je mehr das Verhalten anderer von den Programmen in unserem Kopf abweicht, desto mehr verunsichert uns das.

Wenn Ihnen etwas begegnet, wo*für* Sie von Ihrer Erziehung ein Programm erhalten haben, dann finden Sie das gut. Und: Wenn Ihnen etwas begegnet, wo*gegen* Sie von Ihrer Erziehung ein **ANTI-Programm** erhalten haben, dann finden Sie das *nicht* gut.

Das ist natürlich ein Vorurteil. Das Urteil haben Sie schon in der Tasche; das ist sehr angenehm, weil man dann nicht jedesmal nachdenken und selber urteilen muß. Das geht sehr schnell und ist sehr effizient.

## Beispiel:

Sie sitzen im Kaffeehaus, und am Nebentisch sitzt ein einzelner Herr. Eigentlich hat er ja recht nett gewirkt. Aber der rülpst plötzlich laut und deutlich ... Wenn Sie ein Programm da*gegen* haben, dann finden Sie das gar nicht ok. So nett wirkt der Herr jetzt nicht mehr, der fiese Knopf. Schlimm, nicht?

Wenn jemand etwas tut oder sagt, wogegen Sie ein ANTI-Programm haben, dann ist dieser Mensch **in Ihren Augen** nicht in Ordnung. Wenn ich das Beispiel im Seminar erzähle, ist es immer sehr interessant, weil mir manche Leute später sagen: „Ihr Vortrag ist ja sehr aufschlußreich. Aber *mußten* Sie das Beispiel mit dem Rülpsen bringen? War das unbedingt notwendig?" Das heißt, daß schon das Fallbeispiel manche Leute akut stört. Allerdings hat das **mit mir** nichts zu tun. Nur mit den Programmen dieser Personen. Manchmal sagt jemand: „Das Beispiel ist ja ok, aber hätten Sie nicht *aufstoßen* sagen können?" Auch diese Variante hat nichts mit mir zu tun, nur mit den Programmen jener, die es nicht ertragen können, wenn jemand sich anders verhält, als ihr Programm in ihrem Kopf es **ihnen** erlaubt. Ein weiteres Beispiel zeigt dies ebenfalls:

Sie sitzen wieder im Kaffeehaus, und wieder sitzt ein einzelner Herr am Nebentisch, aber diesmal tut er etwas anderes: er **lacht plötzlich laut und herzlich**! Die meisten Kaffeehaus-Kunden denken jetzt in etwa: „Da hockt der mutterseelenallein und lacht. Der hat sie doch nicht mehr alle! **Der ist ja nicht normal.**"

Warum denken wir so? Weil wir ein **ANTI-Programm** haben. Deshalb – und nur deshalb – erscheint uns sein Verhalten **ver-rückt** (das heißt wörtlich: wegge-RÜCKT von der Norm). Und wenn dieser Herr weiterhin in unregelmäßigen Abständen lacht, dann könnte in fünf Minuten jemand den Krankenwagen rufen. So sehr bedroht das viele von uns ...

Viele Programme hat man regelrecht in uns hineingeredet. Programme wie „Sitz still!" oder „Zapple nicht mit den Füßen!" oder „Sei pünktlich!" Das hat man in uns hineingeredet. Wir hören noch heute (innerlich) die Stimmen. Manche Programme hat man uns jedoch nur **vorgelebt**. Das heißt, als Kind haben wir **beobachtet**, wie Erwachsene sich (in der Öffentlichkeit) bewegen. Das haben wir *beobachtet und unbewußt imitiert.* Und so haben wir **gelernt, daß unser Gesichtsausdruck ernst** zu sein hat.

Programme, die wir innerlich akzeptiert haben, führen zur **Identifikation**. Wenn sich jemand mit dem Programm der Pünktlichkeit **nicht** identifiziert, weil er es nie zu „seinem Programm" gemacht hat, dann ist es **nicht** Teil seiner Persönlichkeits-Struktur geworden. Hat er das Programm jedoch verinnerlicht, dann hat er sich damit identifiziert, dann ist es Teil von ihm. Und diese Identifikation führt zum **Selbstbild**. So sehen wir uns. Das „sind" wir. Zum Beispiel: ehrlich, clever, fleißig, intelligent, kreativ, ernst, pflichtbewußt, zuverlässig, höflich, taktvoll usw. ...

Diese Programme bilden unseren Maßstab, mit dem wir ständig messen: So bewerten wir uns und andere. Was im Einklang mit unseren Programmen ist, wird als *gut*, als *ok*, als *vernünftig*, als *korrekt*, als *richtig* usw. eingestuft. Außerdem führt jedes Programm aus unserer **Vergangenheit** zu einer **Erwartungshaltung** für die **Zukunft**. Und jeder Mensch, der sich **anders** verhält, als unsere Erwartungen es vorsehen, verunsichert uns. Das finden wir dann unangenehm oder „schlimm"! Damit geben wir ihm die Macht, uns zu **enttäuschen**. Und wenn wir enttäuscht sind, dann werden wir **sauer**, dann erleben wir Unsicherheit oder Ärger. Aber nehmen Sie doch das Wort bitte wörtlich: Wenn **Ent-bindung** heißt, daß die Bindung aufhört, dann heißt **Ent-täuschung** lediglich, daß die Täuschung aufhört. Aber wir sind dem böse, der uns klar macht, daß **wir** uns getäuscht hatten. Das heißt: **Wir geben ihm die Macht, uns böse zu machen.** Somit erleben wir uns als **Opfer**: Opfer der Situation oder gar dieser Person ...

Stellen Sie sich jeden Menschen in einer Insel lebend vor. (Wir sagen bewußt „in" einer Insel, weil wir sie nie verlassen können.) Diese Insel symbolisiert all unsere *Erfahrungen, Meinungen, Hoffnungen, Wünsche, Programme, Werte, Prioritäten, Ziele* ... usw., kurz: alles, was wir als unser „Ich" empfinden.

die INSEL

In der Kommunikation mit anderen vergleichen wir ständig (unbewußt) unsere Inseln miteinander. Haben wir es mit jemandem zu tun, dessen Insel-Inhalte sich mit unseren (weitgehend) überschneiden, dann fällt uns die Kommunikation mit dieser Person

leicht. Dieser Mensch wirkt auf uns *sympathisch*, *intelligent*, *nett*, er/sie ist *ok*, wir denken, er handle *richtig* usw.

Gibt es jedoch in einem für uns wichtigen Punkt **keine** Überschneidung, dann können wir **nicht leicht** miteinander sprechen. Dann verunsichert uns sein/ihr Verhalten, oder es regt uns sogar auf. Dann besteht die Gefahr,

daß wir diesen Menschen als Person ablehnen und ihn als **nicht-ok** empfinden, ohne zu begreifen, daß dieser Mensch **seine** Insel genauso *gut* und *richtig* findet wie wir die unsere.

Sehen wir uns einige **Beispiel-Situationen** an:

**1.** Sie sind mit jemandem verabredet, die Person ist **unpünktlich. Ärgert Sie das?**      ❐  JA      ❐  NEIN

Je tiefer Ihr Programm der Unpünktlichkeit sitzt, desto NATÜRLI-CHER empfinden Sie Ihre Forderung, alle Menschen dieser Welt müssen pünktlich sein. Es ist dies eine Erwartungshaltung, die Ihr Programm aufgebaut hat. Das ist Teil Ihrer Insel und wehe dem, dessen Insel sich in diesem Punkt nicht mit Ihrer überschneidet. Der Mensch ist ein Unmensch; er ist unmöglich, er ist nicht ok Nehmen wir einen Moment lang an, der Mensch sei wirklich „schlimm"; Frage: Warum muß das **in Ihnen** Unsicherheit oder Zorn auslösen? Warum müssen **Sie** Streßhormone produzieren und Ihre wertvollen Energien mit Ärger verbraten?

Aber vielleicht ist er gar nicht so unmöglich? Vielleicht hat er das Programm der Pünktlichkeit aus irgendwelchen Gründen NIEMALS internalisiert? Wenn dem so ist, dann wird er Ihre Wertschätzung für Pünktlichkeit nie hundertprozentig verstehen können, eben weil Ihre Inseln sich in diesem Bereich nicht überschneiden. Heißt das aber, daß Sie sich den Rest Ihres Lebens über Menschen ÄRGERN müssen, deren Programmierung von Ihrer abweicht? Antwort: Ja, wenn Sie sich so entscheiden!

**Achtung**: Hier kann ein Mißverständnis entstehen, deshalb betonen einige Seminar-Teilnehmer/innen an dieser Stelle gerne, wie entsetzlich diese Welt wäre, wenn jeder kommen könnte, wann er wollte u.ä. Aber darum geht es nicht! Es geht hier nicht darum, die Nützlichkeit oder Notwendigkeit gewisser Spielregeln des Miteinander in Frage zu stellen. Es geht lediglich um die Frage, ob Sie wie das berühmte HB-Männchen mit Reptiliengehirn-Zorn reagieren **müssen** oder ob Sie cool und rational zur Kenntnis nehmen könnten, daß jemand sich verspätet. Es geht nur darum, ob Sie jetzt Opfer negativer Gefühle werden müssen, weil Sie damit anderen Menschen die „Macht" über Sie geben. Das ist der einzige Knackpunkt im Augenblick ...

2. Jemand spricht und gestikuliert so, daß Sie seine **Handflächen** sehen können. **Stört Sie das?** ❑ JA ❑ NEIN

In unserer Kultur ist das vollkommen ok, das heißt: Wir haben kein Programm dagegen (wohl aber Menschen in gewissen asiatischen Ländern). Dort löst diese Gestik, die wir überhaupt nicht wahrnehmen, Unwohlsein aus. Woran Sie sehen, daß es nie die Handlung als solche ist, die Zorn auslöst, sondern die Diskrepanz zu unserer Erwartungshaltung, z.B. aufgrund von früheren Erfahrungen oder einem Programm!

**3. Sie beobachten eine Person, die ungeniert in der Nase bohrt. Wie (schlimm) finden Sie das?**

Die meisten meiner Seminar-Teilnehmer/innen finden das nicht sehr ok Ihren Programmen gemäß darf man *nur in der Nase bohren, wenn einen niemand sieht.* Tut es jemand, den sie sehen können, dann verstößt er gegen das Programm dieser Teilnehmer/innen, und deshalb erleben **sie nun** Unlust. Interessant, nicht wahr?

**4. Sie sprechen öfter mit einer Person, die ständig herumzappelt. Stört Sie das?** ❏ JA ❏ NEIN

Die meisten von uns stört das, aber auch das beruht auf unserer Erziehung. Wir wurden gezwungen, unseren natürlichen Bewegungsdrang massiv zu verleugnen; als Kind ist es uns noch extrem schwer gefallen, erinnern Sie sich? Wenn man bedenkt, daß Lernen (inklusive Lernen von hoch-abstrakten Inhalten) ohne körperliche Aktivitäten fast unmöglich ist, dann sehen wir, wie behindernd sich dieses Programm auswirkt. Deshalb profitieren Kulturen, in denen sich auch Erwachsene weit mehr bewegen dürfen als wir. Dort gibt es erstens die bei uns schon geradezu typischen Lernbehinderungen nicht, und zweitens stört es dort niemanden, weil niemand es bewußt registriert! Diese Menschen müssen sich also nie ärgern, wenn jemand herumzappelt. Wie schön ...

**5. Denken Sie an eine Person, die nie „bitte" und „danke" sagt. Mögen Sie diese Person besonders gerne?** ❏ JA ❏ NEIN

Dieses Beispiel zeigt sehr gut, daß die meisten Menschen andere Menschen um so lieber mögen, je mehr positive Signale sie ihnen senden. Aber es ist natürlich leicht, Menschen zu mögen, die nett zu uns sind. Bei den anderen beginnt die Kunst ...

**6.** Denken Sie an eine Person, **die Sie häufig kritisiert. Drückt das auf Ihr Selbstwertgefühl?** ❏ JA ❏ NEIN

**Merke**: Je wichtiger Ihnen die Meinung anderer über Sie ist, desto abhängiger werden Sie von Ihrer Umwelt und desto mehr Macht geben Sie anderen über Ihre Befindlichkeit. Bedenken Sie bitte: Nachdem Sie vor allem **den** Menschen gefallen werden, die ähnlich wie Sie programmiert wurden, werden Sie immer **auch** auf Leute stoßen, denen etwas an Ihnen nicht paßt. Die Kritiker unter diesen Menschen werden dann meckern. Wenn Sie sich jedesmal verunsichern lassen, dann verbraten Sie unnötig viele B-Energien, die Ihnen in den anderen wichtigen Bereichen für das eigentliche Leben fehlen ...

Sie sehen also, wie sehr unsere eigenen Programme uns „verführen" können, uns **über andere Menschen zu ärgern**, wobei wir dann auch noch das Gefühl haben können, „schuld" sei eben jener Mensch, der gegen unser Programm verstoßen hat. Auch dies wurde von unserer Umgebung geprägt. Man kann dies auch WELTBILD-Programme nennen (z.B. ob der Mensch, der „uns ärgert", der Schuldige ist und ob wir dann immer leiden „müssen", wenn „solche Typen uns das Leben vermiesen").

Auch hierzu lohnt es sich, die eigene Erziehung kritisch abzuklopfen. Mit welchen **typischen Aussagen über die Welt** sind Sie aufgewachsen? Welche Sätze (inwiefern die objektive Welt da draußen eine **prima Welt** oder möglicherweise eine **schlimme** Welt ist), „klingen" Ihnen quasi heute noch „in den Ohren" und beeinflussen, wie Sie eine Situation heute sehen und beurteilen?!

Ist unsere Welt per Programm „schlimm", dann wurden wir zum **Opfer** erzogen und fühlen uns dieser Welt (oder so manchen unserer „bösen" Mitmenschen) hilflos **ausgeliefert**.

Dieses Weltbild wurde regelrecht in uns hineingeredet, z.B. unseren Eltern, aber auch von anderen Familienangehörigen, von Nachbarn, von Lehrern, von Ausbildern, von Chefs; eigentlich von allen Menschen, mit denen wir regelmäßig zu tun hatten. Aber auch Personen, mit denen Sie **heute** regelmäßig zu tun haben, beeinflussen Ihr Welt-

bild weiterhin. Denn: was immer Sie regelmäßig umgibt, das wird
Sie prägen! Deshalb lohnt es sich sehr wohl, ein wenig Zeit zu investieren, um die typischen Redewendungen in Ihren Kopf zu finden.
Es geht um Aussagen, die zeigen, daß man im Zweifelsfalle meistens **etwas** bzw. **nichts** tun kann. Zum Beispiel:

- Da kann man nichts machen!

- Ich kann nichts dafür.

- Es ist sinnlos, dagegen anzugehen ...

- Der einzelne ist schwach (und kann nichts bewirken).

- Die Sowieso hat mich geärgert.

- Versuche gar nicht erst, etwas zu unternehmen ...

- So ist das Leben halt ...

- Da bist du hilflos ...

- Die können mit uns machen, was sie wollen ...

- Du kannst dich nicht wehren ...

- Gegen die kommst du nie an ...

    Und ähnlich.

Achten Sie **ab heute bewußt** darauf, z.B. wenn Sie einen Roman
lesen oder beim Fernsehen (in einem Spielfilm oder einer Diskussi-
onsrunde), oder wenn Sie irgendwelchen Leuten zuhören, z.B. im
Restaurant am Nebentisch – wichtig ist, daß Sie der unbeteiligte Dritte
sind. Lernen Sie typische **Weltbild-Aussagen** schnell und leicht zu
identifizieren! Entwickeln Sie ein Gespür für solche Urteile über die
Welt, in der wir leben.

Sie kennen den berühmten Satz aus der Bibel: „Suchet und ihr wer-
det finden!" Er bezieht sich auf Ihr Interesse. Was Sie gezielt suchen,
dem werden Sie zwangsläufig begegnen. Es war davor auch da, aber
**jetzt** lassen Sie es in Ihr Bewußtsein hinein. Als ich z.B. anfing,
mich für Büromobile zu interessieren, interessierte ich mich plötz-

lich für Wohnmobile, und **über Nacht** waren die Autobahnen voll davon. Am Tag davor hatte es noch keine gegeben ... Das nenne ich den „Wohnmobil-Effekt".

Wenn Sie einmal darauf achten, werden Sie erstaunt feststellen, wie viele Redewendungen wir tagtäglich hören, die zum Ausdruck bringen: „Wir können nichts dafür." oder „Es hat eh keinen Sinn.", oder „Wir sind Opfer ..." (der Umstände, der Welt, unserer Mitmenschen) usw. Wenn Sie solche Redewendungen sammeln, dann sind Sie gut vorbereitet darauf, ähnliche Gedanken später auch bei sich selbst zu erkennen.

Erstellen Sie eine Liste. Das ist hochinteressant. Durch das bewußte Auflisten solcher Verlierer-Aussagen werden Sie hellwach dafür, wie oft Sie das hören. Das ist eine häufige Aussage-Art in unserer Kultur. Wenn etwas schiefgeht, dann suchen wir in der Regel einen Verantwortlichen, wobei wir versuchen, andere schuldig zu sprechen und uns zum Opfer zu machen. Warum? **Weil man uns diese Reaktion immer und immer wieder vorgelebt hat** (und auch weiterhin vorlebt!). Wir haben sie durch Imitation übernommen, ohne je wirklich darüber nachzudenken.

Ähnlich sieht es mit der inneren Erlaubnis aus, ob man positiv denken darf:

# Ist positives Denken gefährlich?

Manche meiner Leser/innen und Seminarteilnehmer/innen wurden in den letzten Jahren systematisch verunsichert, weil die Angriffe auf das positive Denken immer massiver zunehmen. Dabei lautet der Haupt-Angriff: *Immer positiv denken ist nicht ok!* Tja, was soll man jetzt denken?

Hier gibt uns Martin SELIGMAN eine brillante Antwort: Der amerikanische Psychologe, der das Konzept der „erlernten Hilflosigkeit" erforschte, gibt uns (in seinem hervorragenden Buch *Pessimisten küßt man nicht*) eine wunderbare Hilfestellung: **Fragen Sie nach dem Preis!** Was heißt das konkret?

**Beispiel**: Ein Pilot müßte die Flügel vor Abflug noch einmal enteisen. Nehmen wir an, er war vor kurzem in einem Positiv-Denken-Seminar gewesen und würde jetzt denken: „Wird schon gutgehen." – dann ist **der Preis eindeutig zu hoch**.

Oder stellen Sie sich einen Chirurgen vor, der feststellt, daß das obligate Instrumenten-Zählen vor der Operation diesmal versäumt wurde und daß er vielleicht eine Schere im Bauch vergessen haben könnte. Auch hier hoffen wir, daß er nicht „positiv denkt", sondern die Frage nach dem Preis stellt.

Beide Beispiele zeigen: Falsch verstandenes positives Denken kann durchaus tödlich sein. Hier ist der **Pessimismus** die bessere Wahl, denn Pessimismus bedeutet die Fähigkeit, Gefahren zu erkennen und rechtzeitig zu handeln, um der Gefahr zu entgehen bzw. um unangenehme Konsequenzen zu vermeiden. Wobei SELIGMAN betont, daß wahrscheinlich gerade diese Fähigkeit des Menschen, **potentielle Nachteile vorauszusehen**, zu seiner phänomenalen Entwicklung beigetragen haben dürfte!

Wenn Sie hingegen ein kleines Fehlerchen gemacht haben und wenn Sie sich drei Wochen deshalb grämen, dann leidet außer Ihnen (und vielleicht Ihrer Familie) niemand. Hier ist der Preis zu hoch, wenn Sie sich ständig in die Pfanne hauen ... In solchen Fällen sollten Sie lernen, die innere Kritik zu verändern, indem Sie einige Gedankengänge durchlaufen, die SELIGMAN in seinem Buch exakt vorstellt. Es lohnt sich, diese Denk-Technik zu lernen!

# ANTI-Fehler-Programme

Eine weitere Art von schädlichen Programmen sind unsere **ANTI-Fehler-Programme**. Beispiel: Ein **Dreijähriger** sitzt auf dem Teppich und spielt mit Bauklötzen, er beginnt einen Turm zu bauen. Bei einer gewissen Höhe stürzt der Turm plötzlich zusammen. Ist er sauer? Frustriert? Mitnichten! Er ist fasziniert! Ganz der kleine Forscher, fängt er wieder an. Und wieder passiert es! Er denkt: „Nanu?" Wieder und wieder beginnt er, bis er plötzlich merkt: Es ist sein eigener Ärmel, der den Turm zum Einsturz bringt. Da geht ein Leuchten über sein Gesichtelchen. Er hat eine Erkenntnis gewonnen. **So sollte Lernen stattfinden.**

Und wenn derselbe kleine Forscher am nächsten Morgen mit dem Ärmel ein Glas Milch umwirft, dann könnte er den Zusammenhang sehr schnell begreifen, außer, er wächst in einem Elternhaus auf, in dem jetzt sofort jemand schreit: „Paß doch auf!" Dann wird er nicht mehr lange mit Neugierde und Entdeckerfreude reagieren können, wenn etwas anders läuft als geplant.

In unserer Kultur haben die meisten von uns gelernt, daß Fehler „nicht ok" sind, und demzufolge furchtbare ANTI-Fehler-Programme entwickelt. Deshalb „wissen" wir, daß **man** keine Fehler machen darf. (Übrigens verrät das Wörtchen „man" Programm-Charakter.) Und wir „wissen" ebenfalls ganz genau: Wenn es doch mal zu einem Fehler kommt, dann darf **man** sich nicht erwischen lassen. Deshalb vergeuden wir so viel Zeit und Energie damit, die Schuld im Außen zu suchen (**Wer** hat den Mist gebaut?!) oder die Schuld auf andere abzuwälzen bzw., wenn eindeutig klar ist, daß wir „es" waren, Rechtfertigungen zu basteln.

Mein Vorschlag: Knacken Sie dieses ANTI-Fehler-Programm. Wenn Sie das nächste Mal einen Fehler machen, sagen Sie nicht gewohnheitsmäßig: „Ich schäme mich so ...", „Mir ist das peinlich ...", „Hat das jemand gemerkt?", oder ähnlich, sondern betreiben Sie **intelligentes Lücken-Management**. Mit diesem Begriff meine ich ein lösungsorientiertes Vorgehen: **Analysieren Sie die Lücke. Jedes kleine Kind kann das.** Auch Sie konnten das einst, aber Sie haben es im Zuge Ihrer Erziehung verlernt. Allerdings gilt: Alles, was Sie einst ge-/verlernt haben, können Sie analysieren und (wieder) ändern, wenn Sie das wünschen. Befreien Sie große Teile Ihres ursprünglichen POTENZ-ials und lernen Sie, Ihre Ressourcen (insbesondere Ihre Energie) besser zu nutzen.

Eine sinnvolle Unterstützung bietet Ihnen dabei eine Idee von Mark McCORMACK (dem Autor von *Was Sie an der Harvard Business School nicht lernen*). Er schlägt uns vor, wir sollten täglich einmal laut sagen:

- „Da habe ich **Mist gebaut**."

- „Das **weiß** ich **nicht**."

- „**Helfen** Sie mir bitte." Oder: „Bitte hilf mir!"

Begegnen Sie Ihren Fehlern wieder *mit der Faszination eines Kindes*, indem Sie intelligentes Lücken-Management betreiben: Fragen Sie sich:

**1. Hatten Sie die neue Info überhaupt wahrgenommen?** In vielen Fällen scheitert die Informationsaufnahme bereits in diesem Stadium. Dies ist z.B. häufig bei Namen der Fall (vgl. Seite 25).

**2. Hatten Sie zu der neuen Info bereits einen Faden im Netz** (Fallbeispiel: *Bifurkation*)? Falls **nein**, konnten Sie sich die Info gar nicht merken. Bei nicht vorhandenen Fäden im Wissens-NETZ handelt es sich nicht um Probleme mit dem Gedächtnis, denn merken können wir uns nur, was wir erst einmal begriffen hatten. Und Infos ohne Fäden können (zunächst) nicht begriffen werden. Deshalb betone ich ja immer wieder, wieviel leichter Menschen sich tun, die ihr Wissens-NETZ regelmäßig erweitern!

War jedoch ein Faden im Netz (und hatten wir die Info zunächst auch begriffen), dann war dieser Faden vielleicht nicht stark genug bzw. zu wenig mit anderen Info-Fäden ver-**NETZ**-t! Allerdings reicht schon ein einziger Faden aus, um an einer Info im Netz „herumzuhäkeln". Ob wir intelligentes Lücken-Management betreiben oder Schuldige suchen („Die Welt ist schuld." / „Ich bin blöd."), hängt nicht zuletzt davon ab, ob wir Frösche oder Adler sind.

# Frosch oder Adler?

Wenn wir nämlich Schuldige in der Welt suchen (s. oben) heißt das natürlich auch, daß wir uns wie Kinder benehmen, die noch nicht selbst verantwortlich für ihr Leben sind. Diese Tendenz kann man auch anders ausdrücken:

Der amerikanischen Erfolgs-Psychologe Wayne DYER stellt uns in seinem Buch und Hörbuch *Der wunde Punkt* nämlich die provozierende Frage: Sind wir ein Frosch oder ein Adler?

Wenn Sie bedenken, daß der Frosch seine Nachkommen der Natur übergibt, während der Adler sie selbstverantwortlich aufzieht ... Und wenn Sie bedenken, daß der Adler Probleme löst, indem er handelt, während der Frosch vor allem quakt ... Sehen Sie sich als Adler? Wobei auch das wieder viel mit unseren Programmen zu tun hat, denn das, wovon wir umgeben waren, hat uns maßgeblich geprägt. Wenn wir von Adlern umgeben waren, dann sind wir adler-mäßig geprägt worden. Wenn wir jedoch von Fröschen umgeben waren, dann quaken wir eben viel.

Auch zu diesem Aspekt lohnt es sich, einige Tage lang sehr bewußt aufzupassen, was die Menschen in Ihrer Nähe (inkl. im Fernsehen) so sagen. Lernen Sie die professionellen Jammerer, die **Lamentierer vom Dienst** zu erkennen. Lernen Sie, wie viele Personen in Ihrer beruflichen und privaten Nähe regelmäßig quaken. Lernen Sie den leidenden Tonfall zu erkennen, die lamentierende Sprachmelodie, welche besagt, es hätte ja doch alles keinen Sinn und außer Klagen könne man gar nichts unternehmen. Frösche sind keine Unternehmer sondern Unterlasser – außer das Klagen, das lassen sie nicht aus

... Erinnern wir uns: **Was Sie umgibt, das wird Sie prägen.** Wenn Sie von zu vielen Lamentierern umgeben sind, dann prägt Sie das. Wenn Sie sich im Fernsehen viele Sendungen anschauen, in denen immer die Welt und die bösen Mitmenschen an allem schuld sind, dann prägt Sie das auch.

Falls Sie sich selber einmal beim Klagen erwischen sollten – Sie können das Klagen sehr leicht beenden, indem Sie sich fragen: „Was kann ich konkret tun?" In dem Augenblick, in dem wir darüber nachdenken, was wir konkret tun können, brechen wir aus etwaigen Frosch- und Lamentier-Programmen aus. Wir sehen uns nicht als hilfloses Opfer, sondern wir ANTWORTEN der Welt, indem wir Ver-ANTWORT-ung übernehmen, um Thorwald DETHLEFSEN zu paraphrasieren.

Wenn wir aber Verantwortung übernehmen, dann passiert etwas sehr Interessantes: **Wir gewinnen an Macht.** Zu viele Menschen glauben, indem sie Verantwortung abschieben, wären sie stark (weil ja die anderen „schuld" und damit „sündig", „nicht-ok" usw. sind). Aber das **Gegenteil** ist wahr.

Wenn andere schuld sind und wenn sie uns Schlimmes antun können (z.B. weil sie uns ärgern können), dann sind wir deren **Opfer**. Falls dieser Gedanke für Sie noch neu ist, lohnt es sich, sich regelmäßig daran zu erinnern.

Lassen Sie mich Ihnen das Beispiel aus meinen Lebem erzählen, welches mir diesen Zusammenhang aufgezeigt hatte: Früher, als ich noch flotte PKWs fuhr, konnten mich „Reinschneider" maßlos nerven. (So bezeichnete ich Leute, die vor mir „hineinschnitten" und mich „zwangen" zu bremsen.) Vielleicht fuhren sie dann etwas langsamer, als ich zuvor gefahren war ... Sie kennen das.

Solche Leute hatten damals die **Macht**, mich ungemein zu „nerven". Ich fühlte mich ihnen **hilflos ausgeliefert**. Sie **„machten mich"** zornig. Sie **„kosteten mich"** Kraft. Sie **„nahmen mir"** die Lust am Fahren ...

Das heißt: jedesmal, wenn mir ein „Reinschneider" vor die Kühler-haube fuhr, produzierte **ich** Streß-Hormone und reagierte aggressiv! Aber es war natürlich nicht meine Schuld. Diese „Reinschneider" waren schuld; ich konnte gar nichts dafür. **Quaaaaaak**!

Ich habe das im Rahmen einer ANTI-Streß-Maßnahme analysiert und festgestellt: Ich begegnete damals ungefähr 70 „Reinschneidern" die Woche. Und wenn wir uns die Streßhormone als in einen „Meßbe-cher" fallend vorstellen (vgl. mein Buch *Freude durch Streß*, 12. Aufl., Landsberg), dann können wir gemäß diesem Denk-Modell folgen-des Ergebnis „errechnen":

Wenn mich jeder von ihnen nur drei Tropfen Streßhormone kostet, dann sind das 70mal drei Tropfen pro Woche. Das Ganze mal vier (= Menge der Streßhormone pro Monat) und das Ganze wieder mal zehn (= Menge der Streßhormone pro Jahr, weil ich damals zehn Reisemonate hatte). Diese Summe jetzt mal zehn ergibt die Menge der Streßhormone pro Jahrzehnt. In unserem Beispiel wurden aus **läppischen drei Tropfen** pro Reinschneider nach zehn Jahren be-reits 84.000 Tropfen ... (Wenn wir den einzelnen Reinschneider et-was realistischer jedoch mit fünf Tropfen ansetzen, weil jeder von ihnen mich damals ziemlich stark aufregen konnte, dann kommen wir auf 140.000 Tropfen!) Das sind ganze Kampfhormon-Seen, die wir da ständig produzieren. Damit vergeuden wir jede Menge Zeit und Energien (also unsere wertvolle Ressourcen), und wundern uns dann, wenn für das eigentliche Leben nie genügend übrigzubleiben scheint ...

Und ich spreche jetzt nur von **einem** Problem (Reinschneider). Was meinen Sie, wie mich Kolonnenspringer genervt haben sowie Leute, die auf der linken Seite gefahren sind oder Ampelschleicher und Radfahrer, die nebeneinander fuhren?? Und all das ist jetzt nur der *Straßenverkehr* ... also haben wir all die „lustlosen Kassierer/innen", desinteressierten Lieferanten, „ekelhaften" Verkäufer/innen usw. ebenfalls noch nicht berücksichtigt. Alle diese Leute drückten da-mals bei mir auf den richtigen Knopf, ich fiel ins Reptiliengehirn, produzierte Streßhormone, mußte dann immer leiden und konnte gar nichts dafür. **Quaaaaak.**

**Ich wollte, daß die Welt sich ändert.** Wie glücklich, dachte ich, wäre ich, wenn nur die Welt sich ändern würde. Wenn diese „Reinschneider" aufhören würden reinzuschneiden, **dann** wäre ich glücklich. Und wenn die Kolonnenspringer das begreifen würden, **dann** wäre ich glücklich. Und wenn die Ampelschleicher nicht schleichen würden, **dann** wäre ich glücklich. Es war phänomenal, was mich alles glücklich gemacht hätte, wenn ... Aber die Welt ist nun einmal so. Ich kann nicht die Welt selbst ändern. Ich kann **nur ändern, wie ich darauf reagiere.** Das kann ich ändern.

Anthony de MELLO erzählt folgende Geschichte (in: *Der springende Punkt*): Kommt ein Mann zum Arzt. Der erkennt, was mit ihm los ist und sagt: „Ich schreibe Ihnen jetzt ein Rezept für Ihren Nachbarn." Daraufhin der Patient: „Vielen Dank, Herr Doktor, das wird mir sehr helfen."

**Wir wollen immer, daß der Nachbar sich ändert.** Der „Reinschneider" soll die bittere Medizin schlucken, damit es mir besser geht. Der „Linksfahrer" soll die Tropfen nehmen, damit ich die „Grippe" loswerde. Der **Nachbar** soll etwas unternehmen, damit ich nicht mehr leiden muß ... **Quaaaaaak!**

Das sind Ideen, über die man **regelmäßig** nachdenken kann. Je stärker Sie darauf programmiert wurden, daß im Zweifelsfall **die Welt** an Ihrem Unglück schuld ist, desto mehr profitieren Sie, wenn Sie es schaffen, einige dieser Programme zu „knacken". Deshalb möchte ich Ihnen einen Weg zeigen, wie Sie **die 60 bis 100 wichtigsten Programme finden**, die Ihr Leben bisher (weitgehend unbewußt) beeinflussen. Das sind die Programme, für die Sie oft gar keine Worte haben. Programme, die wir (wortlos) durch Imitation gelernt haben. Diese Programme können Sie jedoch sehr leicht finden, wenn Sie wollen. Diese Übung können Sie beim Fernsehen absolvieren oder wenn Sie einen Roman lesen. Stellen Sie einen kleinen Timer auf fünf Minuten. Jedesmal, wenn er sich meldet, fragen Sie sich bezüglich dessen, was gerade im Fernsehen (Buch) passiert ist: „Was gefällt mir, was gefällt mir nicht?" **Legen Sie zunächst nur Listen an.** Zum Beispiel:

- **Mir gefällt nicht:**
  die aggressive Art des Lehrers, die rechthaberische Art der Groß-mutter, das ständige Unterbrechen des Sohnes, die vorgetäuschte „Vergeßlichkeit" von Inspektor Columbo ...

- **Mir gefällt:**
  die freundliche Art des Verkäufers, die professionelle Art des Zeichners, das fleißige Mädchen, der pünktliche junge Mann, die zuvorkommende, höfliche Kommunikation von Inspektor Columbo ...

Diese kurzen Notizen kann man während des Films, der Diskussi-onsrunde oder beim Lesen eines Romans leicht aufschreiben. Später erst fragen Sie sich nach der Begründung. Was Ihnen gefällt, da ha-ben Sie in der Regel **ein Programm „DAFÜR".** Was Ihnen **nicht** gefällt, da haben Sie in der Regel ein **ANTI-Programm.** Wie EPIKTET schon vor fast 2000 Jahren festgestellt hat: „Nicht die Dinge sind positiv oder negativ, sondern unsere Einstellungen machen sie so."

Mindestens 80% von dem, was wir wahrnehmen, haben wir per Vor-urteil, per Programm bereits (positiv/negativ) eingeordnet. Das mer-ken wir in der Regel nicht, weil dieses Bewerten **ca. 400- bis 2000mal schneller** abläuft als unser bewußtes Denken. Dadurch glauben wir, soundso viele Dinge positiv oder negativ wahrnehmen zu „müssen". Das Negative **scheint** daher **immanent** („eingebaut", also **Teil der Sache** zu sein), weil unsere Vor-Verurteilung so wahnsinnig schnell abläuft. Deshalb möchte ich Ihnen zeigen, wie Sie einige dieser Pro-gramme knacken können. Denn die beiden größten Streß-Faktoren sind für die meisten Menschen Unsicherheit und Ärger. Beim Ärger aber können wir relativ leicht ansetzen, da er durch unsere **eigenen** Programme ausgelöst wird. Wenn Sie also herausfinden, worüber Sie sich **regelmäßig** giften, im wahrsten Sinne des Wortes **giften** (wie bei mir die Reinschneider, 70mal die Woche), dann haben Sie eine faire Chance. Denn, wenn wir das, was uns **regelmäßig** nervt, entkräften können, dann geht es uns so wie denjenigen Menschen, die sich *hierüber* **nicht** ärgern „müssen".

Das Problem ist ja nicht wirklich der Reinschneider, sondern wie **wir** auf ihn reagieren. Wenn wir einige wenige Situationen finden können, über die wir uns **regelmäßig** giften – was glauben Sie, wie sich die **Gesamtbalance** in Ihrem Energien-Haushalt verändert, wenn Sie sich bei den wenigen Lieblings-Ärger-Situationen nie mehr aufregen müssen?

Wie gehen wir vor, wenn wir ein Ärger-Programm entkräften möchten? Nun, wir nehmen uns ganz fest vor, wenn es wieder passiert, ruhig zu bleiben, wobei Sie später den Reinschneider im Fallbeispiel gegen das Ärgernis austauschen, das **Ihnen** die Ruhe raubt ...

Bitte beachten Sie, daß wir die **Zielformulierung** positiv ausdrükken müssen. Also sagen wir uns NICHT, daß wir uns in Zukunft bei Reinschneidern **nicht mehr** ärgern werden, sondern wir betonen z.B., wie RUHIG wir REAGIEREN (oder wie gelassen wir bleiben).

Lassen Sie mich Ihnen zeigen, warum die positive Formulierung bei Zieldefinitionen und Anweisungen so wichtig ist: Nehmen wir an, ich würde Sie bitten: Denken Sie jetzt 14 Sekunden lang keinesfalls an ein Hochzeitskleid, dann wissen wir ganz genau, woran Sie jetzt denken.

**Merke**: Eine **negative Anweisung** produziert immer ein Eigentor. Wenn Sie sich ganz fest vornehmen: „Ich werde mich über Reinschneider nicht mehr ärgern", dann programmieren Sie den Ärger de facto vor. Deshalb müssen wir es positiv formulieren, z.B. „Ich bleibe ganz gelassen."

Oder denken Sie an eine Mutter, die immer schimpft: „Wie oft soll ich dir noch sagen, du sollst die Türe nicht so zuknallen?" Das wird sie noch oft sagen müssen, denn sie **verstärkt** ja jedesmal die **Vorstellung** der zugeknallten Tür. So wie **Sie** vorhin an das Hochzeitskleid dachten.

Oder wenn Sie abnehmen wollen und sagen (sich): „Ich trinke kein Bier." Woran denken Sie den ganzen Abend? Formulieren Sie also Ihre zukünftig gewünschte Reaktion positiv und in der Gegenwart.

Zum Beispiel: *Bei jedem Reinschneider reagiere ich ganz gelassen.* Oder ... *bleibe ich ganz ruhig.*

Natürlich werden Sie eine Weile brauchen, bis Sie das alte Programm geknackt haben. Sie beginnen jetzt mit der De-Programmierung, dann kommt der nächste Reinschneider – zack, sind Sie wieder im Reptiliengehirn; der Mechanismus läuft ab. Wenn Sie dann aus dem psychologischen Nebel auftauchen, wiederholen Sie Ihre positive Affirmation und verstärken Ihre neue **ganz gelassene Reaktion**. Sie können Ihre De-Programmierung auch mit Mental-Training unterstützen. Sie können sich vor dem Einschlafen vorstellen, wie das (was immer Ihren Zorn auslöst) wieder passiert und wie Sie ganz gelassen reagieren.

Nach einer gewissen Zeit – das kommt darauf an, wie tief das Programm in Ihnen verankert war (das können ein paar Tage sein oder auch drei, vier Wochen), gelingt es Ihnen zum ersten Mal, die alte Reaktion durch die neue zu ersetzen und **nicht** ins Reptiliengehirn zu fallen. Dann sind Sie wahnsinnig stolz auf sich, und denken: „Jetzt habe ich das Problem gelöst." Das haben Sie jedoch noch nicht! Nicht ganz! Sie erinnern sich an den Drachen im Märchen, der die Schätze bewacht? Nun, dieser Drache ist das Reptil in uns, und er bewacht unsere Programme.

Wenn Sie an dem Punkt sind, an dem Sie ein Programm knacken können, dann schlägt der Drache mit voller Wucht noch einmal zu. Die nächsten drei, vier Male "haut er Sie voll rein". Damit sagt er quasi: *Willst du dieses wunderschöne Ärger-Programm **wirklich** aufgeben?*

Wenn Sie weiter trainieren, dann werden Sie **wieder** den Punkt erreichen (diesmal etwas schneller als beim ersten Mal), und dann erst sind Sie aus diesem Ärger-Programm raus. Sie werden zwar im nächsten Vierteljahr, wenn Sie ein bißchen müde sind, noch **manchmal** ins alte Programm hineinfallen, aber wann immer es Ihnen gut geht, schaffen Sie souverän den neuen Weg. Nach einigen Monaten schaffen Sie es auch dann, wenn Sie müde sind.

Damit muß man rechnen, es ist eine echte Entwicklung, die Sie hier durchlaufen. Aber es lohnt sich. Ich habe meine Reinschneider entschärft **und** die Kolonnenspringer **und** die Fahrradfahrer nebeneinander, um nur einige zu nennen.

Was meinen Sie, wieviel B-Energie ich freibekommen habe, die ich positiv in den D- und E-Bereich kanalisieren konnte? Damit habe ich dann zum Beispiel viel gelesen (E-Energie) sowie eigene Bücher geschrieben (D-Energie) oder neue Denk-Modelle entwickelt (D- und E-Energie) ...

Und, was besonders wichtig ist: Ich bin **nicht mehr Opfer**. Wenn wir Verantwortung übernehmen, zumindest für unsere **Reaktion**, dann **gewinnen wir Macht**. So produzieren wir natürlich weit weniger Streßhormone und müssen demzufolge auch weit weniger Streßhormone loswerden.

Auch wenn Sie es schaffen, Ihre Lieblings-Ärger-Situationen zu entschärfen und sich **insgesamt** weit seltener zu ärgern als früher, sammeln sich trotzdem manchmal negative Energien in Form von Streßhormonen an, oder wir werden von Dingen überrascht, die uns nerven. Für solche Augenblicke sind die beiden folgenden Mini-Strategien als konkrete praktische **Sofort-Maßnahmen** gedacht. Danach finden Sie zwei **allgemeine** Wohlfühl-Aktivitäten, die sich ebenfalls bestens bewährt haben.

# Zwei ANTI-Ärger-Maßnahmen

Mit diesen ANTI-Ärger-Maßnahmen für den ganz normalen Wahnsinn werden Sie viel B-Energie einsparen und deshalb weit mehr andere Energie-Arten freihaben für die eigentlich wichtigen Bereiche in Ihrem Leben, vor allem D- und E-Energien für Leistung und Wachstum.

## 1. Die 60-Sekunden-Strategie

In 60 Sekunden können Sie sich um einiges wohler fühlen als vorher. Wir nutzen einen neurophysiologischen Mechanismus aus und spielen mit ihm. Das ist ganz einfach. Wenn Sie sich freuen und lächeln, dann drückt ein Muskel auf einen bestimmten Nerv in Ihrer Wange. Ihr Gehirn weiß nun, daß Sie lächeln, und produziert folglich Freudehormone. Dabei gilt die Regel: Freudehormone „fressen" Kampfhormone „auf". Diesen Effekt kennen Sie: ein Lächeln wirkt befreiend.

Allerdings sprechen wir jetzt von einem Augenblick, in dem Sie sauer sind und in dem es Ihnen absurd vorkäme zu lächeln. Also tun Sie folgendes: Schließen Sie sich irgendwo ein, wo Sie keiner sehen kann (notfalls auf der Toilette), und grinsen Sie 60 Sekunden lang. Das ist kein Lächeln, das ist eine Grimasse. Aber dabei drückt der besagte Muskel auf den Nerv, so daß Ihr Gehirn Freudehormone produziert; allerdings nicht so intensiv wie bei einem echten Lächeln. Deshalb brauchen Sie ja **60 Sekunden** (im Vergleich zu 10 Sekunden echtem Lächeln), aber Sie spüren die Wirkung. Danach fühlen Sie sich **um ca. 30% besser!** Garantiert.

## 2. Der Uhren-Trick

Die zweite ANTI-Ärger-Strategie wirkt unmittelbar. Wenn Sie merken, daß etwas Sie ärgern könnte und wenn es Ihnen gelingt, auf die Uhr zu sehen, dann haben Sie gewonnen, weil Sie so einen Automatismus unterbrechen.

**Also, wenn Sie feststellen, wie der Ärger in Ihnen „aufsteigt":** Schauen Sie auf Ihre Uhr, und sagen Sie sich: „**Es ist jetzt ...** (Uhrzeit, z.B. 14.02 Uhr). **Ich werde mich ab 21.00 Uhr** (im Klartext: mindestens fünf bis sechs Stunden später!!) **darüber ärgern, im Augenblick habe ich Wichtigeres zu tun.**" Um 21.00 Uhr werden Sie entscheiden, ob Sie sich dann noch ärgern wollen. Wahrscheinlich nicht, aber **wenn** Sie wollen, dürfen Sie ...

Auf diese Weise befreien Sie jede Menge normalerweise vergeudete Ressourcen (Zeit und Energie) für das eigentliche Leben.

**Wichtig**: Wenn Sie sich nun vornehmen, die eine oder andere ANTI-Ärger-Strategie ab heute einzusetzen, dann machen Sie bitte nicht den Fehler und denken, das müsse ab jetzt hundertprozentig immer klappen. Es wird nicht immer gelingen. Doch wenn es **immer öfter** klappt, dann hat es sich gelohnt.

Wenn wir uns nur über zehn Prozent der Situationen, die uns früher geärgert haben, nicht mehr aufregen „müssen", dann hat sich die Gesamt-Bilanz dramatisch verbessert. Wir haben viel mehr Zeit und Energie für Informationsaufnahme, Strategien und alles, was uns wirklich wichtig ist.

# Zwei immens hilfreiche Wohlfühl-Maßnahmen

## Strategie Nr. 1: Wünsche für die Welt ...

Eines Tages wirkte die Autobahn (wegen mehrerer aufeinanderfolgender Staus) ziemlich schwierig auf mich. Als ich merkte, daß ich im Begriff war, ungeduldig und gereizt zu werden, begann ich in meinen Gedanken, **allen Autofahrern in meiner Nähe Gesundheit und ein langes Leben zu wünschen.** Nach wenigen Minuten fühlte ich mich wieder wohl!

Ich glaube, wenn wir jeden Tag einige Minuten damit zubringen würden, allen Menschen, denen wir begegnen, Gesundheit, langes Leben, Frieden usw. zu wünschen, würden wir viel gewinnen, unabhängig davon, ob unsere guten Wünsche den anderen wirklich erreichen, denn unsere Seele hört immer, was wir sagen (oder denken). So **schaffen wir** einige positive Minuten, in denen unsere Seele nur Positives von uns zu hören bekommt. So zeigen wir uns wieder einmal: Wir können unsere Stimmung durchaus positiv beeinflussen, insbesondere, wenn wir **anderen** Positives wünschen.

### Strategie Nr. 2: Zehn Sekunden Dankbarkeit ...

Eine ähnliche Strategie lautet: **Verbringen Sie mehrmals täglich zehn Sekunden damit, Gott, dem Universum oder Ihrem Schicksal zu danken.** Zählen Sie einige Punkte auf, für die Sie dankbar sind z.B., daß Sie genug zu essen und ein Dach über dem Kopf haben, daß Sie relativ gesund sind, daß Ihre Kinder sich prächtig entwickeln, daß Sie wunderbare Freunde haben, daß Sie gerade ein faszinierendes Buch lesen dürfen, daß Sie heute und nicht während der Zeit der schwarzen Pest leben, daß Sie hier und nicht in einem ständigen Kriegsgebiet wohnen, daß heute die Sonne scheint (was Sie erfreut) oder daß es heute regnet (was der Erde gut tut), usw.

# Technik: So entdecken Sie Ihre wahren Talente

Vielleicht kennen Sie einen meiner Kern-Gedanken (vgl. meine Bücher: *Der persönliche Erfolg* und *Der Birkenbihl Power-Tag*): Jeder von uns wurde mit einem gigantischen POTENZ-ial geboren.

Unser POTENZ-ial ist die Kraft (Macht oder Stärke), die der einzelne **hätte** entwickeln können, wenn da nicht etwas dazwischengekommen wäre, was wir „Erziehung" nennen. So hat man uns normal gemacht.

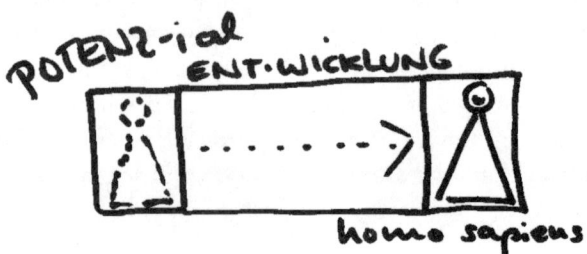

Ich möchte übrigens weder Eltern- noch Lehrer-Schelte betreiben, denn unsere Eltern und Lehrer konnten uns nicht anders erziehen, da auch sie von **ihren** Eltern und Lehrern so geprägt worden waren. Außerdem waren bestimmte Zusammenhänge (z.B. aus der Gehirnforschung) damals noch unbekannt. Heute wissen wir, wie „behindernd" eine „normale" Erziehung (zur „Normalität") ist.

Heute wissen wir auch, daß unser angeborenes genetisches POTENZ-ial erst durch Aktivierung von der Umwelt realisiert werden kann sowie daß jede Kultur immer nur einen **Bruchteil** des vorhandenen POTENZ-ials aktiviert (sogenannte **strukturale Koppelung**, nach MATURANA und VARELA).

So ist z.B. unsere Sprachfähigkeit angeboren, aber welche Sprache ein Mensch wie gut sprechen lernt, das hängt davon ab, welche Sprache seine Umwelt spricht. In Korea lernt er Koreanisch, umgeben von französischen oder englischen Native Speakers lernt er diese Sprachen. Übrigens lernt jedes Kind die Sprache seiner Umwelt perfekt, inklusive aller grammatikalischen Fehler (im Vergleich zur Hochsprache eines Landes), die seine Umwelt macht. So lernen bayerische Kinder: „Der Mann, der wo an der Ecke steht ...“, und zwar mit absoluter Perfektion!

So ist es mit allen Aspekten unseres POTENZ-ials, das wir entwikkeln. Vergleichen Sie kurz, wie ausgeprägt Ihre persönlichen Lern-Erfahrungen mit folgenden Tätigkeiten sind (wobei diese 20 stellvertretend für **sämtliche** menschliche Aktivitäten stehen):

1. lesen
2. schreiben
3. Fahrrad fahren
4. kochen
5. Fährten lesen
6. jagen und Wild ausnehmen
7. surfen im Internet
8. heiliger Tempeltanz (z.B. balinesischer)
9. Algebra
10. Geometrie
11. Wurzelziehen
12. singen und musizieren
13. ein großes Fest organisieren
14. verkaufen
15. eine freie Rede halten
16. Gemüse anpflanzen
17. ein Baby wickeln
18. einen Konflikt lösen helfen
19. ein Haus bauen
20. ein Gedicht vortragen

Wie viele dieser 20 Tätigkeiten können Sie nicht (besonders) gut? Wie viele fallen Ihnen wirklich leicht, weil Ihre Umwelt Sie „so" geprägt und dadurch Ihr vorhandenes POTENZ-ial aktiviert hat?

Erinnern Sie sich an den Märchenprinzen, der die Prinzessin wachküßt: Jeder Aspekt unseres gigantischen POTENZ-ials kann mit so einer kleinen Prinzessin verglichen werden: Wenn sie nicht wachgeküßt wird, schlummert sie weiter ... Lassen Sie mich dies an zwei Tätigkeiten aus unserer Liste „aufhängen", nämlich Nr. 5 (Fährten lesen) und Nr. 11 (Wurzelziehen).

Ein westlicher Wissenschaftler unterhält sich mit einem australischen Aborigine, einem Experten im Fährtenlesen. Er zeigt ihm eine halbverwischte Reifenspur im Sand und fragt ihn (mehr aus Jux): „Kannst du etwas damit anfangen, kannst du diese Spur lesen?" Der Aborigine nickt: „Erstens war das weder ein Pkw noch ein Jeep, sondern ein LKW. Zweitens hatte er drei Achsen. Drittens war er beladen, nicht flüssig, sondern fest. Viertens war er ungleich beladen. Und fünftens lag seine Geschwindigkeit bei 80 Meilen."

„Na ja", sagen Sie jetzt vielleicht, „der Aborigine ist ein *geborener* Fährtenleser." Aber stimmt das wirklich? Denken Sie mit: Er hat diese Fähigkeit in einem Kulturkreis erlernt, in dem sie wichtig ist und deshalb dort aktiviert wurde; trotzdem ist das Fährtenlesen Teil des POTENZ-ials, das **in uns allen** steckt. Wenn wir dort aufgewachsen wären, hätten auch wir es gelernt, aber in unserer Kultur lernt man Wurzelziehen.

Noch etwas ist wichtig: Wiewohl jeder Mensch sowohl Fährtenlesen als auch Wurzelziehen *bis zu einem gewissen Grad* erlernen kann (wenn die jeweilige Kultur Wert darauf legt), wird es immer einzelne Menschen geben, die für eine Tätigkeit ein **begnadetes Talent** aufweisen, so daß sie darin weit besser als Durchschnitt werden. Dies ist ein **angeborenes** Gottesgeschenk, aber die **Umwelt** bestimmt, ob eine Fähigkeit (normal oder begnadet) **überhaupt** „wachgeküßt" wird. Ein Einstein im tiefsten Urwald hätte wohl kaum die Relativitätstheorie erdacht und ein Mozart ohne aktives Musik-Umfeld (der

Vater war Kapellmeister, alle Familienmitglieder haben professionell musiziert!) hätte wohl kaum die Musik geschrieben, für die wir ihn lieben ... Sie sehen also: Wir werden immer von unserer Kultur geprägt, wobei diese **eine** Kultur unser POTENZ-ial immer **unzureichend** aktivieren wird. Deshalb lohnt es sich, gegenzusteuern:

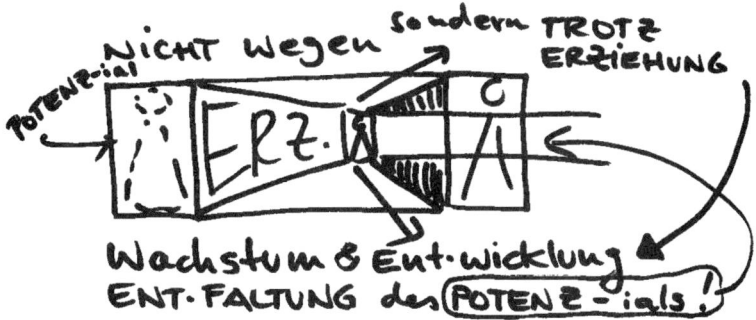

**Tip**: Je mehr Sie sich mit Menschen anderer Kulturen befassen, mit ihrer Musik, ihrer Religion und so weiter, um so mehr Chancen haben Sie, Ihr POTENZ-ial zu entdecken und zu entfalten. Warum sollen nur Diplomatenkinder in den Genuß einer multi-kulturellen Erziehung kommen? Je mehr kulturelle Einflüsse Sie sich und Ihren Kinder bieten, desto mehr Aspekte ihres POTENZ-ials werden zwangsläufig wachgeküßt.

Wir haben es doch so leicht, es wohnen ja genügend Ausländer in unserer Nähe. Wir brauchen doch nur Kontakte zu knüpfen und bereit zu sein, von ihnen zu lernen ...

## Ihr POTENZ-ial entfalten: nicht wegen, sondern trotz Erziehung ...

Dies können wir auf zwei Ebenen tun, die ich Ihnen auf der nächsten Seite vorstellen werde.

## Ebene 1:
## Was hemmt die Entwicklung unseres POTENZ-ials?

**Wir befassen uns mit unserer eigenen Erziehung** und entschärfen das eine oder andere schädliche Programm, damit wir uns nicht ständig über Menschen ärgern „müssen", die in irgendeinem Punkt gegen dieses Programm verstoßen und uns deshalb „unmöglich!!" vorkommen (s. oben).

## Ebene 2:
## Wie können wir unser POTENZ-ial ge-ZIEL-t entfalten?

**Wir fragen uns, welche Aspekte unseres genetischen POTENZ-ials entwicklungs- und ausbaufähig sind.** So wird z.B. ein musikalischer Mensch, der dem Vater zuliebe die Metzgerei übernimmt, seine Anlagen, Talente und Fähigkeiten wohl nur bedingt ausleben können, wenn er die Musik nicht mindestens als Hobby betreibt. So ähnlich geht es vielen Menschen, die Teile ihres POTENZ-ials zu verleugnen gelernt haben: Irgendwo tief im Innern nagt ein Stimmchen, das sie jedoch nicht zu hören wagen. Wir wissen jedoch auch, wie befreiend es sein kann herauszufinden, welche Aspekte unserer Anlagen brachliegen. Deshalb möchte ich Ihnen die folgende Vier-Schritt-Inventur zum Finden Ihrer versteckten Stärken vorstellen:

## Technik: So können Sie Ihre persönlichen Stärken systematisch analysieren

## Eine Vier-Schritt-Inventur:

**Vorbereitung;** Sie finden im Anhang eine Liste von Tätigkeiten (Seite 184). Jedem Wort folgt eine Linie, wie Sie es bei Ihrer Mini-Inventur (vgl. Seite 15) bereits kennengelernt haben. Wenn Sie nicht ins Buch schreiben wollen (oder wenn mehrere Personen diese Inventur durch-führen wollen, dann fotokopieren Sie diese Listen so oft wie nötig. Dasselbe gilt für die nachfolgende Doppelseite (im Anhang), in wel-che Sie weitere Tätigkeiten eintragen können, wie im Schritt 1b be-schrieben:

**1. Schritt** (zwei Varianten zur Auswahl, Sie können das eine dem anderen vorziehen oder beide durchlaufen):

a) Verfahren Sie im Verlauf von mehreren Tagen* so, daß Sie jede Tätigkeit auf dieser **Liste** lesen und entscheiden, wie gut Sie diese ausführen können. Dann machen Sie Ihr Kreuzchen auf die Linie, lesen den nächsten Begriff und beurteilen die nächste Fertigkeit ...

b) Wenn Sie **fernsehen**, und die Personen im Film führen eine Hand-lung durch, dann fragen Sie sich ebenfalls: Kann ich das gut, weniger gut usw. Nehmen Sie diese so entdeckten Tätigkeiten ebenfalls in Ihre Liste auf, und malen Sie Ihre Kreuzchen. (Des-halb finden Sie eine Doppelseite mit Blanko-Zeilen, diese foto-kopieren Sie so oft, wie Sie wollen, und füllen die Bogen beim Fernsehen oder beim Lesen aus.)

Nach einigen Tagen oder Wochen wissen Sie, was Sie **gut** können.

**2. Schritt**: Nehmen Sie einen **grünen** Stift, und malen alle Tätigkei-ten an, die Sie GUT können.

**3. Schritt**: Nehmen Sie einen **roten** Stift, und malen Sie alle „grü-nen" Tätigkeiten an, die Sie **auch gerne** machen (*Betten machen* dürfte bei vielen Menschen als „gut" aber „nicht gerne" eingestuft werden). Denn es sind Tätigkeiten, die Sie **lieben**, die Sie erfolg-reich machen werden. Ihre größten Erfolge basieren immer auf Ak-tivitäten, welche auf Handlungen und Tätigkeiten basieren, die Sie sowohl **GUT als auch GERNE** durchführen.

---

\* Natürlich könnten Sie sich einen ganzen Tag für diese Inventur nehmen. Wenn Sie Ihre Analyse jedoch nebenbei durchführen wollen, dann schlage ich vor, sie auf mehrere Tage zu verteilen.

**4. Schritt**: Überprüfen Sie Ihre bisherigen Ziele: Vergleichen Sie, wie viele dieser Ziele es Ihnen ermöglichen, möglichst häufig Dinge zu tun, die Sie sowohl **GUT als auch GERNE** ausführen.

Falls Sie noch keine großen Ziele festgelegt haben, nehmen Sie diese Inventur-Ergebnisse von Anfang an als Entscheidungsgrundlage.

## Zum letzten Mal:
## zurück zu unserer Wort-Liste ...

Ich erwähnte bereits, daß die zehn Begriffe, die Sie vorhin (ziemlich mühelos) gelernt haben, für etwas stehen (Symbole sind). Allerdings habe ich Ihnen noch nicht verraten, wofür diese Begriffe stehen sollen. Und zwar aus zwei Gründen, erstens STRATEGISCH und zweitens INHALTLICH:

**1. strategisch**

Ich wollte, daß Sie selbst aktiv erleben, wie spielerisch **einfach** es ist, sich **gehirn-gerecht** (**AUF-MERK**-sam) mit neuen Infos zu befassen, um sie später leicht und mühelos RE-KONSTRUIEREN zu können. Sie haben zunächst zu jedem Begriff eigene Assoziationen notiert und später eine gedankliche Ver-BIND-ung (zur Zahl und zur Story) aufgebaut und/oder überprüft. Dabei haben Sie auch festgestellt, ob Ihnen mein Eselsbrücken-Angebot „paßt" oder nicht, das heißt in welchen Aspekten unsere Wissens-NETZe sich überlappen bzw. stark voneinander abweichen.

Außerdem haben Sie erlebt, wie Sie sich z.B. schwierige neue Namen oder (Fremd-)Wörter (oder abstrakte Begriffe) merken können; das heißt: Wenn Sie bei allen Übungen aktiv mitgespielt haben, dann haben Sie diesen Prozeß bereits **erlebt**. Wir kommen gleich darauf zurück. Sie spinnen einen *Hilfsfaden*, indem Sie zu dem noch Unbekannten etwas Bekanntes assoziieren, das Sie sich **bildhaft** vorstellen können. Zum Beispiel: Angenommen, Sie sollten den Begriff *Ressourcen* lernen, der Ihnen noch nichts „sagen" würde. Dann gehen Sie zunächst einfach vom Klang aus und assoziieren z.b. **RES**-sourcen mit **RES**-taurant. Natürlich können Sie sich zu RES-taurant „ein Bild machen", und dieses Bild können Sie später mit RES-source verbinden. Damit ist das RES-taurant-Bild ein *Hilfsfaden*, mit dem Sie eine neue Info in Ihr Wissens-NETZ integrieren. Deshalb „funktionieren" Eselsbrücken nämlich: sie überbrücken die Distanz von „außerhalb des Wissens-NETZ-es" zum Netz selbst! So können Sie jederzeit neue Informationen in Ihr Wissens-NETZ einhängen. Natürlich ist auch dies eine **Technik**, welche **anfangs der Übung** bedarf. Da aber alle Wissens- und Lernkurven exponentiell sind, wissen Sie, daß Sie es immer schneller und leichter schaffen werden, wenn Sie „am Ball" bleiben!

Der zweite Grund ist inhaltlicher Natur.

## 2. inhaltlich

Ich wollte Ihnen mit dieser Liste bestimmte Ideen auf den Weg geben, nämlich **zehn Schlüsselwörter**, welche **die großen Ideen meines Vortrages in Mainz** (und dieses Buch-Beitrages) **so in Ihrem Wissens-NETZ „aufhängen"**, daß Sie sie **später jederzeit RE-KONSTRUIEREN** (= erinnern) können, wenn Sie wollen:

1. Das *Restaurant* steht für Ihre **Ressourcen**. Dazu gehört Ihr genetisch angeborenes POTENZ-ial (vgl. Nr. 3) genauso wie die Ressource ENERGIE (vgl. Nr. 2). Wie gehen Sie mit Ihren Ressourcen um?

2. Der *Energiedrink* symbolisiert Ihre **Energie**. Haben Sie genug Energie für Ihre D- und E-Bereiche, oder „verbraten" Sie zu viele im B-Bereich, z.B. mit Ärger?

8. Hier geht es um den Ist-Zustand in unserem Leben. Wenn der **Ist-Zustand** nicht so ist, wie er sein sollte, sagen wir: „*Mist!*"

(vgl. Misthaufen). Wie gehen Sie mit „Mist" um? Damit kommen wir zu

7. dem *Opernglas*, das mit seinen **zwei** Gläsern **zwei** Denkarten symbolisiert: Sollen wir **optimistisch** oder **pessimistisch** denken? Sie kennen nun das Kriterium, das Ihnen bei dieser wichtigen Entscheidung hilft (Martin SELIGMANs Vorschlag, nach dem Preis zu fragen).

4. Die *ER-btante* steht für den **ER-FOLG**, den Sie als FOLGE „erben" möchten. Ein anderes Bild ist das von Saat und Ernte. So weisen z.B. Brian TRACY und René EGLI besonders klar darauf hin, daß wir im Herbst eines Jahres nun mal keinen Roggen ernten können, wenn wir im Frühjahr Weizen gesät haben.

3. Die *Potenzpille* veranschaulicht natürlich Ihr **POTENZ-ial**, das Sie nur „normal" oder mehr als normal entwickeln werden. Dabei helfen Ihnen

5. die **RAT-ionalen Strategien** (Stichwort: *Ratgeber/in*), wie zum Beispiel der RATIONALE Umgang mit der Entscheidung, wann wir positiv/negativ denken wollen. Oder wir erhalten von einem Ratgeber praktische Strategien (wie die beiden ANTI-Ärger- und die beiden Wohlfühl-Strategien in diesem Beitrag), deren praktische Ausführung wir dann erst einmal

6. **trainieren** müssen (deshalb der *Trainingsanzug*).

9. Die *REIFE-n* veranschaulichen die **REIFE-Prozesse**, die Sie durchlaufen, wenn Sie an sich arbeiten.

10. Und zu guter Letzt symbolisieren die ENT-en die **ENT-faltung** und **ENT-wicklung**, die ich Ihnen von Herzen wünsche. Denn ent-falten bedeutet ja, dasjenige herauszufalten, was sich bereits „drinnen" befindet. Damit sind wir wieder bei Ihrem POTENZ-ial, das aktiv ent-wickelt werden muß (s. ab Seite 49).

So, und jetzt finden Sie die Gesamt-Botschaft meines Beitrages, wenn Sie die Buchstaben der Schlüsselwörter 1 bis 10 untereinander setzen: Der Schlüsselbegriff lautet **REPERTOIRE**, er ist einer der wichtigsten Schlüsselbegriffe meines Lebens. Wir wissen, daß z.B. Künstler ein Repertoire haben (welche Klavierkonzerte kann ein Pianist vortragen?), aber natürlich haben nicht nur Künstler ein *Repertoire*. Dieser Begriff beschreibt die **Menge an Fertigkeiten** jedes Menschen. Im Optimalfall beschreibt er die **ständig wachsende** Menge an Fertigkeiten jedes Menschen, **der an sich arbeitet, weil er sein POTENZ-ial ent-wickeln will**, weil er ER-FOLG ( = als FOLGE „erben") möchte, indem er lernt, seine RESSOURCEN optimal zu nutzen (z.B. indem er seinen ENERGIE-Haushalt besser managt), und der seine zukünftigen ER-FOLGE auf denjenigen Tätigkeiten aufbaut, die er besonders GUT **und** GERNE ausführen kann usw. All dies ist Teil des Wortes REPERTOIRE, der deshalb zum zentralen Begriff dieses Beitrags wird.

## Technik: Wie können wir Informationen gehirngerecht so aufbereiten, daß sie für Lernende (uns selbst oder andere) leicht werden?

Bitte betrachten Sie das Schluß-Bild dieses Beitrags (auf Seite 71). Sie sehen das Wort *Repertoire* SENKRECHT, weiter sehen Sie, daß an jedem Buchstaben unsere **Schlüssel-Wörter** (z.B. 1. = Ressource, 2. = Energie usw.) hängen, welche wir uns durch unsere **ursprüngliche Eselsbrücken-Begriffe** (1. = Restaurant, 2. = Energiedrink usw.) gemerkt hatten (die ebenfalls im Schluß-Bild erfaßt werden). Somit zeigt Ihnen dieses Schluß-Bild einerseits die **inhaltliche Zusammenfassung meiner Botschaft** an Sie.

**Gleichzeitig** zeigt es Ihnen auf der **strategischen Ebene**, wie auch Sie in Zukunft Wissen vorbereiten können, welches Sie oder andere in Ihr (oder ihr) Gedächtnis (=Wissens-NETZ) einbringen wollen (sollen), z.B. für eine Prüfung, für ein Meeting oder für einen Vortrag. Sie erkennen nun die Technik, mit der ich meinen Vortrag für das erste birkenbihl-media Erfolgsforum (Mainz 1998) vorbereitet hatte, **denn urprünglich ging ich ja umgekehrt vor.** Hier zum Überblick die Technik in der chronologisch richtigen Reihenfolge:

1. Suche nach einem zentralen **Schlüssel-Begriff** (hier: REPERTOIRE).

2. Diesen Begriff **senkrecht** auflisten.

3. Suche nach inhaltlich **wichtigen Schlüsselwörtern** mit den Anfangsbuchstaben dieses Begriffes (vgl. meine **KaWa-Technik**© in meinen Büchern: *Der Birkenbihl Power-Tag* und *Rhetorik*). In unserem Fall ergibt dies bei Nr. 1 ein „R" (hier: „Ressource"), bei Nr. 2 ein „E" (hier: „Energie") usw.

4. Suche nach **Eselsbrücken-Wörtern** (bildhaft, leicht vorstellbar) für diese (neuen oder abstrakten) Begriffe (hier: **RES**-taurant für **RES**-source).

In der Präsentation beginnen wir mit der numerierten Liste der Eselsbrücken-Wörter (in unserem Fall mit 1 = Restaurant, 2 = Energiedrink usw.). Diese Liste wird AUF-MERK-sam durchdacht, z.B. indem wir für jeden Begriff Assoziationen suchen (Aufgabe Nr. 1, Seite 14) und/oder indem wir eine Story bilden und/oder indem wir Ver-BIND-ungen zwischen dem Platz in der Liste und dem Wort erschaffen, z.B. Nr. 5 = *Rat*geber, weil Lucy (von den Peanuts) *Rat*schläge für 5 Cents erteilt. Nach diesen kreativen AUF-MERK-samen Denkvorgängen haben wir die Liste in unser Wissens-NETZ „eingehängt" und können nun die neuen (abstrakten) Infos „dranhängen" (wir *häkeln* also). Sie haben den Prozeß miterlebt: Wenn Sie tatsächlich bei jeder Aufgabe aktiv mitgemacht haben, dann **wissen** Sie jetzt, wie einfach es sein kann ...

Es folgt – das Schluß-Bild:

1. **R**essource (**Rest**aurant)

2. **E**nergie (**Energie**drink)

3. **P**OTENZ-ial (**Potenz**-Pille)

4. **E**R-FOLG (**Er**btante)

5. **R**ationale Strategien (**Rat**geber/in)

6. **T**raining erweitert Repertoire (**Training**sanzug)

7. **O**ptimist/Pessimist? (**Op**erngläser)

8. **I**ST oder Mist (**MIST**haufen)

9. **R**eife-Prozesse (**Reife**n)

10. **E**NT-wicklung, ENT-Faltung (**Ent**en)

Bitte beachten Sie:
**Dieses Schluß-Bild verweist auf die gesamte Info dieses Beitrags.**

Mit liebem Gruß

Ihre

*Vera F Birkenbihl*

## Thema ② BERUF

# Der Referent:
# Alexander Christiani

*Für Alexander Christiani selbst ist Motivation ein Lebensmotto. Bereits 1980 leitete er als 22jähriger Student der Rechts- und Wirtschaftswissenschaften erste Seminare zum Thema Kommunikation, Lern- und Arbeitsmethodik. Noch bevor er 1984 das Zweite Staatsexamen abschloß, studierte er Psychologie und Philosophie und setzte gleichzeitig seine Trainertätigkeit fort.*
*Zusätzlich absolvierte er 1987 in den USA eine NLP-Trainerausbildung bei den NLP-Mitbegründern Richard Bandler und John Grinder. 1988 gründete er die Christiani Persönlichkeits-Management GmbH. Schwerpunkte seiner Trainertätigkeit sind Verkaufs- und Marketingtraining sowie Methoden zur dauerhaften Selbst- und Mitarbeitermotivation. Dabei ist er ständig bemüht, die neuesten Erkenntnisse und Erfolgstechniken, vor allem aus den USA, in seine Seminare einfließen zu lassen.*

*„Christiani, der auch die Trainer von Spitzensportlern und Olympioniken berät, nutzt auf seinen Seminaren die Motivations-Analyse russischer Sportpsychologen, um seinen Teilnehmern klarzumachen, daß es bei jedem Menschen einzigartige, jederzeit aktivierbare Antreiber gibt."*

*Trainer-Kontakt-Brief Nr. 23/Juni-Sept. 98*

*„Mit einer einzigen Technik des Christiani-Motivations-Trainings haben wir unseren bisherigen Umsatzrekord (!) bereits um mehr als 20% überboten. 80% aller Mitarbeiter haben dabei einen neuen persönlichen Verkaufsrekord aufgestellt. Dieser Erfolg ist sensationell ..."*

*Herbert Michalek, Bertelsmann Lexikothek*

*„Alexander Christiani hat es in hervorragender Weise verstanden, auch die Top-Führungskräfte, die man gemeinhin als 'alte Hasen' bezeichnet, sowohl inhaltlich als auch durch seine begeisternde Art zu unterstützen."*

*Josef Brück, Nordstern Versicherung*

# Motivieren Sie sich selbst – das 6-Schritte-Programm

## Erfolg ist machbar

Sie haben sich in 30, 40 oder mehr Jahren einen Weg zu leben geschaffen. Ihre Art zu denken, zu reden, zu essen, Geld auszugeben, mit anderen zu kommunizieren, Ihre Ziele anzugehen, Ihre Hobbys und Freizeitaktivitäten – all das tun Sie gewohnheitsmäßig. Innerhalb all Ihrer guten, aber auch schlechten Gewohnheiten haben Sie sich eine sogenannte Komfortzone geschaffen.

Schlechte Gewohnheiten zu ändern – das heißt, unsere Komfortzone zu verlassen – ist äußerst schwierig und kostet Energie und Durchhaltevermögen. Da viele meinen, von beidem zu wenig abbekommen zu haben, leben sie auch ein Leben, mit dem sie eigentlich nicht zu 100% zufrieden sind.

Newtons Gesetz der Bewegung besagt: Ein Körper in Ruhe tendiert dazu, in Ruhe zu verharren. Ein Körper in Bewegung tendiert dazu, sich weiter zu bewegen. Um tatsächlich in Ihrem Leben etwas zu ändern, müssen Sie bereit sein, Ihre Komfortzone zu verlassen und sich für die Bewegung zu entscheiden.

Wir alle besitzen die notwendige Kraft und Energie dazu. Wir alle stehen manchmal morgens senkrecht im Bett, voller Vorfreude auf den neuen Tag und schaffen dann auch dementsprechend viel.

Das Problem vieler Menschen ist, daß sie dieses Gefühl nur kennen, wenn sie gerade frisch verliebt sind oder in Urlaub fahren. Doch Sie können lernen, auch an den anderen 363 Tagen mit genausoviel Begeisterung zu leben.

Während viele Autoren ihren Lesern weismachen wollen, der Weg zu einem erfüllten Leben sei leicht und jeder werde ihn schaffen, lade ich Sie ein, der Realität ins Auge zu schauen. Forschungsergebnisse zeigen, daß 95% aller Menschen allen Lippenbekenntnissen zum Trotz nicht bereit sind zu handeln. Nur 10% aller Käufer von Fachbüchern beispielsweise lesen überhaupt das Buch, das sie gekauft haben. Und die Zahl derer, die ihren neuen Erkenntnissen dann auch Taten folgen läßt, ist noch deutlich kleiner.

Sie haben sich schon 42mal das Rauchen abgewöhnt, qualmen aber immer noch? Sie haben bereits elf Diäten probiert, doch Ihr Gewicht stabilisiert sich weiter (nach oben)? Sie wollten schon neunmal mit Ausgleichssport anfangen, aber immer ist Ihnen etwas dazwischen gekommen? Wir alle kennen das frustrierende Gefühl, weit hinter unseren Vorsätzen zurückzubleiben.

Doch was immer Sie im Leben geschafft haben, haben Sie geschafft, weil Sie in der Lage waren, für dieses Ziel aktiv zu werden. Sie haben sich aufgerafft, Ihre Komfortzone verlassen und Ihr Vorhaben in die Tat umgesetzt. Sie waren motiviert.

Was immer Sie in Ihrem Leben nicht geschafft haben, haben Sie in aller Regel deswegen nicht geschafft, weil Sie

- überhaupt nicht angefangen haben,
- nicht bis zum Ende durchgehalten haben oder
- nach Fehlschlägen aufgesteckt haben.

Mit einem Satz: Ihre Motivation ist der Schlüssel.

Sie sind in Ihrem Kopf der Boß, und nur Sie allein. Niemand kann im Reich Ihrer Gedanken und Gefühle die Kontrolle für Sie übernehmen. Ihr Partner ebensowenig wie Ihre Freunde oder Ihr Chef.

Doch Maßstab für das, was wir wirklich wollen, sind unsere Taten und nicht unsere Worte. Sie sind der Boß, und das Ergebnis Ihrer bisherigen Führungsarbeit im Kopf läßt sich leicht daran ablesen, wie glücklich Sie sind – jetzt, in diesem Augenblick.

# Einladung zum Handeln

Wenn Sie mir als Leser/in dieses Buches nun gestatten, Ihr Coach zu sein, dann erwarten Sie von mir zu Recht, daß Sie nach der Lektüre den Schritt vom Wollen zum Tun gehen. Mit folgenden sechs Erfolgsgeheimnissen lade ich Sie dazu ein – doch handeln müssen Sie ganz allein.

▶ Fragen Sie sich zuerst:
  Was, glauben Sie, macht einen guten Coach aus?

  *Ein guter Coach ...*

  _____

  _____


Ich meine, ein guter Coach ...

1. ... überlegt sich, ob die Mannschaft, die er coacht, zum Erfolg taugt. Ein guter Coach ist nur so viel wert, wie seine Mannschaft Erfolg hat. Indem Sie sich dazu entschieden haben, dieses Buch zu kaufen, sich die Zeit nehmen, es durchzuarbeiten, haben Sie eine erste, wichtige Hürde schon genommen: Sie verspüren ganz offensichtlich noch dieses Feuer, diesen inneren Antrieb, etwas für Ihre persönliche Weiterentwicklung zu tun.

2. ... fördert seine Mannschaft, so gut es eben geht. Er gibt seinen Leuten alle Tips, alle Ideen, alle Konzepte, alle Anregungen – kurz: alles, was er sich in den Jahren seiner Tätigkeit angeeignet hat.

3. ... fordert seine Mannschaft. Wer sein Team nicht fordert, der wird es nie bis an die Grenzen bringen und erst recht nicht seine Grenzen erweitern. Deswegen werde ich Sie bei jedem meiner Erfolgsprinzipien mit einer Frage oder einer Aufgabe herausfordern, also von Ihnen fordern, aus sich *heraus*zugehen.

Gute Autoren schreiben, was ihre Leser lesen *möchten*, gute Coaches, was ihre Leser lesen *müssen*. Manchmal ist das angenehm – aber nicht immer. Und deswegen werde ich bei der ein oder anderen Gelegenheit dazu kommen, daß ich Sie einlade, persönliche Entscheidungen zu treffen: Ist das wichtig für mich, will ich das umsetzen? Halten Sie einen Stift bereit, und streichen Sie an, was für Sie von Bedeutung ist, was Sie ab sofort realisieren möchten.

Je öfter Sie bei diesem Buch abgleichen, was Sie schon wissen oder was vielleicht im Kontrast zu der einen oder anderen neuen Idee steht, um so besser können Sie für sich bestimmen, was Sie anschließend in die Tat umsetzen wollen. Aus diesem Grund ist es sinnvoll, die jeweiligen Fragen im Text schriftlich zu beantworten und als Handlungsanweisung zu nutzen.

## Die 72-Stunden-Regel

Die erste und vielleicht wichtigste Regel ist die 72-Stunden-Regel: Wenn Sie wirklich etwas umsetzen möchten, dann beginnen Sie damit in den nächsten 72 Stunden. Wenn Sie es bis dahin nicht realisiert haben, werden Sie es höchstwahrscheinlich auch später nicht tun.

▶  **Aufgabe**: Bestimmen Sie jetzt einen Menschen, dem Sie in den nächsten 72 Stunden eine kurze Zusammenfassung dieses Buches oder zumindest dieses Beitrags geben möchten. Wenn Sie dies tun, wird die Art, wie Sie das Buch durcharbeiten, wie Sie sich selbst fordern und wie Sie Bezüge zu Ihrer Praxis herstellen, eine ganz andere sein.

*Dies ist die Person, an die ich in den nächsten 72 Stunden das Wissen, das ich für mich aus diesem Buch heraushole, weitergeben möchte:*

---

# Erfolgsgeheimnis Nr. 1:
# Entwickeln Sie Ihre Lebensvision!

▶ Was ist für Sie persönlich das wichtigste Erfolgsprinzip?
(Z.B. Freude am Beruf, Identifikation mit der Aufgabe, Ziele
haben und verfolgen?)

*Mein wichtigstes Erfolgsprinzip:*

_____

_____

Ich möchte Ihnen nun eine Technik vorstellen, von der alle Motivationspsychologen sagen, sie sei um 400% wirkungsvoller als alle
anderen Motivationstechniken zusammen. Sie gibt uns die größte
Basis für Durchhaltevermögen überhaupt. Mit dieser Methode setzen wir die meiste Kreativität und das größte Lernpotential frei.

*Vor neun Jahren kreisten meine Gedanken um ein Problem. Damals
hatte ich die ersten sechs meiner sieben Bausteine einer „systemati-
schen Motivationsmethodik" entwickelt. Dabei fiel mir eines auf. Es
arbeiteten immer nur zwei Drittel meiner Seminarteilnehmer an der
Umsetzung der Ideen. Sie hatten damit auch großen Erfolg. Aber das
restliche Drittel setzte die Ideen nicht um. Mich hat das unzufrieden
gemacht. Ich habe mich gefragt: Woran liegt das? Gibt es „Acker-
gäule", aus denen man einfach keine „Rennpferde" machen kann?
Oder liegt das an mir?*

*Ich habe damals Charles Garfield, einen bekannten amerikanischen
Motivationspsychologen, gefragt: „Schauen Sie sich einmal meine
sechs Bausteine zur Selbstmotivation an. Ein Drittel der Teilnehmer
setzt diese Ideen nicht um. Woran liegt das?" Er warf einen Blick
darauf und fragte: „Alex, what do you do about their ‚big idea'? –
Was ist mit der ‚großen Idee' in dem Leben deiner Leute? Mit der
‚Vision', dem eigentlichen Grund, warum sie ihrem Leben überhaupt*

*nachgehen?" Ich hatte bis dahin immer die Vorstellung, eine „Vision" sei bloß ein weit entferntes, abstraktes Ziel. Dabei ist sie genau das, was unserem Leben den eigentlichen Sinn gibt.*

Psychologen haben herausgefunden: 80% unserer Motivation entspringen diesem „Warum", nur 20% dem „Was und Wie".

Unsere Ziele geben das „Was und Wie", die Lebensvision aber ist das dahinterstehende „Warum".

Warum sind Ihnen Ihre Ziele wichtig? Wenn Sie schon einmal verliebt waren, dann wissen Sie, was ein echtes „Warum?" bewirken kann. Es läßt Sie alle Aufgaben spielend erledigen, es wühlt Sie innerlich auf, läßt Sie begeistert früh aufstehen und spät ins Bett gehen. Stellen Sie sich vor, Sie hätten ein solches „Warum?" für Ihr ganzes Leben gefunden.

*Ein Beispiel: John F. Kennedy hatte 1961 seinen Landsleuten die Vision gegeben, daß bis zum Ende der sechziger Jahre der erste Mensch – natürlich ein Amerikaner – auf dem Mond landen sollte. Es galt, das prestigeträchtige Duell mit der Sowjetunion zu gewinnen. Von 1965 an haben die Teams, die mit ihrem Zeitplan zurücklagen, bis zu 16 Stunden täglich gearbeitet, um wieder aufzuholen. Sie übernachteten im Labor, ihre Frauen brachten ihnen das Frühstück dorthin. Es gab keine Probleme mit Alkohol, zu vielen Überstunden oder was auch immer. Sie brauchten keine externe Motivation, ihre Vision trieb sie an.*

*Wie beflügelnd diese Motivation wirkte, wurde überdeutlich, als das Projekt beendet war. Die Russen waren besiegt, der Mars zu weit weg und das Geld für die Raumfahrt woanders gut zu gebrauchen. Es gab keine Anschlußvision. Nach einem halben Jahr waren die Leute depressiv, wußten nicht, wie es weitergehen sollte.*

Ich biete Ihnen eine Wette an: Sie finden keine fünf Menschen, die in ihrem Leben außergewöhnlich viel erreicht haben, ohne daß dahinter eine „große Idee" stand, die sie dazu motivierte.

▶ **Aufgabe**: „Entwickeln" Sie Ihre Lebensvision, und Sie können sich externe Motivationsprogramme komplett sparen. Was ist der eigentliche Grund, warum Sie Ihrem Leben nachgehen, Ihre „big idea"?

Fragen Sie sich also: Warum sind Ihnen Ihre Ziele wichtig? Was ist der eigentliche Sinn Ihres Lebens?

*Meine „big idea":*

_____

_____

_____

_____

Sehr eindrucksvoll zeigt sich die Bedeutung der Lebensvision an folgendem Beispiel.

*Sie erinnern sich vielleicht an die Geiselnahme amerikanischer Botschaftsangehöriger in Teheran im Jahre 1980. Damals wurden die Geiseln insgesamt 444 Tage lang festgehalten. Als sie nachher in die USA zurückgeflogen waren, bildete man ein Psychologenteam, um diesen Menschen zu helfen, sich in ihren Alltag wieder einzugliedern.*

*Charles Garfield war Mitglied dieses Teams. Er erzählte: „Das war das erstaunlichste Experiment, an dem ich in meinem Leben teilgenommen habe. Ein Drittel der Menschen ist nach zwei Wochen seinem Beruf wieder nachgegangen. Fragte man sie nach ihren Erfahrungen, antworteten sie: ‚Das war das Schlimmste, was ich je erlebt habe, ich würde es meinem ärgsten Feind nicht wünschen, aber ich habe unheimlich viel gelernt.'*

*Ein Teilnehmer, der über tausendmal bei den Mahlzeiten mit einer Kalaschnikow bedroht worden war, hatte eines gelernt: ‚Wenn meine Frau noch einmal beim Einparken einen Ratscher ins Auto macht oder meine Kinder eine Fünf mit nach Hause bringen – dann weiß ich, daß ich mich über solche ‚peanuts‘ nie wieder aufregen werde.‘ Ein anderes Drittel ist in dieser Situation psychisch zerbrochen. Zum großen Teil haben sich diese Menschen von ihren Familien getrennt oder sind ihrem Beruf nicht mehr nachgegangen.*

*Die Psychologen haben sich gefragt: ‚Wo liegen die Gründe für die unterschiedlichen Bewältigungsstrategien der Opfer?‘*

*Das erste, was ihnen auffiel, war: Die Menschen, die sich wieder gut eingegliedert hatten, waren in aller Regel sehr religiös. Sie trugen ihr Schicksal nach dem Motto: ‚Mein Herrgott hat mir das geschickt, warum weiß ich auch nicht, aber da muß ich jetzt durch!‘*

*Aber die Psychologen wollten nicht glauben, daß es nur daran lag. Viel Licht in diese dunkle Angelegenheit brachte eine Hausmeistergattin. Sie antwortete auf die Frage, was ihr den Halt gab: ‚Wissen Sie, ich bin in einer Familie mit neun Kindern aufgewachsen. Ich habe mir immer eine große eigene Familie gewünscht. Schon früh habe ich geheiratet, doch leider blieben wir 20 Jahre lang kinderlos. Als ich jede Hoffnung aufgegeben hatte, habe ich doch noch ein Baby bekommen und mit meinem Mann beschlossen, unsere Tochter so zu erziehen, als würde sie in einer großen Familie aufwachsen. Wenn schon nur ein eigenes Kind, so wollte ich wenigstens einen ganzen Stall von Enkelkindern haben.*

*Meine Tochter hat auch früh geheiratet, blieb aber auch lange Zeit kinderlos. Da bin ich noch einmal für ein Jahr mit meinem Mann nach Teheran geflogen. Als dort der Jahresvertrag ablief, bekam ich einen Anruf von meiner Tochter. Sie teilte mir mit, daß sie schwanger sei und unser gemeinsamer Traum von einem Kind in Erfüllung gehen würde. Und 14 Tage später kamen diese Schweinehunde und setzten uns fest. Da habe ich zu meinem Mann gesagt: ‚Ich habe ein ganzes Leben davon geträumt, eine Familie mit Enkelkindern zu haben. Und wenn die uns hier ein Jahr nur Wasser saufen und Brot fressen lassen, ich komme hier raus, und ich sehe mein Enkelkind!‘*

*Das war der Tag, an dem bei den Psychologen der Groschen fiel:
Eine Vision ist nicht nur, wenn jemand Olympiasieger oder Vorstands-
vorsitzender werden will! Eine Vision sind die Gründe, die wir unserem Leben geben, wofür es sich für uns zu leben lohnt. "*

## Lebenslange Motivation

▶ Haben Sie nun festgestellt, worin Ihre Lebensaufgabe besteht?
Dann fassen Sie hier doch bitte Ihre Vision, Ihre big idea, in einem Satz zusammen:

*Meine Vision:*

Die nächste Frage, die wir uns stellen sollten, lautet: Wie können Sie
Ihre Vision in Ihrem Kopf so stark machen, daß Sie davon die nächsten 30 bis 40 Jahre zu Ihren Zielen hingetragen werden? Daß Ihre
Vision Sie dauerhaft so stark vorantreibt, wie sich andere vielleicht
zwei bis drei Wochen auf ihren Urlaub freuen?

*Wenn ich Manager frage: „Stellen Sie sich vor, Sie hätten eine Visi-
on. Sie könnten Geschäftsführer werden, und Sie wissen, daß alle
Stellen in Deutschland, die für Sie in Frage kommen, von guten Leuten besetzt sind. Eines Tage kommt Ihr Chef und sagt zu Ihnen: ‚Ich
weiß, daß Sie den Marschallstab im Gepäck haben. Wir haben in
England eine Tochterfirma gekauft. Sie können in sechs Monaten
Geschäftsführer dieser Firma sein, vorausgesetzt, Sie haben bis dahin Ihre Englischkenntnisse auf Business-Standard gebracht. Schaffen Sie das?‘ "*

*Alle Top-Manager, selbst wenn sie in der Schule nur ‚ausreichend‘
in Englisch waren, antworten darauf: „Wenn das meine Vision ist,
wenn davon mein Leben abhängt – klar schaffe ich das!"*

*Da frage ich: „Hatten Sie schon immer ein geniales Sprachtalent? Haben Ihre Lehrer, haben Sie selbst es nur bisher nicht entdeckt?"*

**80% aller Motivationsenergie** kommen über die **Vision.**

Haben Sie jemals ein Haus aus-, um- oder aufgebaut? Dann kennen Sie die Situation: Jeden Feierabend auf die Baustelle und zwei bis drei Stunden extra gearbeitet, am Wochenende zehn und mehr Stunden, so daß Sie leicht auf 70 bis 80 Stunden Arbeit in der Woche gekommen sind. Wenn das Ihr Chef von Ihnen verlangte, würden Sie wahrscheinlich sagen: „Das ist ein Sklaventreiber, ein Leuteschinder! Ich kündige!"

Aber mit der Vision der fertigen Wohnung vor Augen war es gar kein Problem. Auch wenn Sie jede Nacht todmüde ins Bett gefallen sind – Sie waren glücklich, stolz und zufrieden, und Sie haben Ihr Ziel erreicht. Bauen Sie sich das für Ihr Leben auf!

*Dazu noch eine kleine Anekdote: Ein Professor für Motivationspsychologie besucht einen Steinbruch und schaut sich das unterschiedliche Arbeitsverhalten der Menschen dort an.*

*Der erste ist ein richtiger Berufsbürokrat: er macht immer nur dann einen Hammerschlag, wenn sein Chef gerade hinschaut. Der Professor fragt ihn: „Entschuldigen Sie, ich schaue Ihnen gerade bei der Arbeit zu. Wieviel Spaß macht Ihnen Ihre Tätigkeit?" Der Arbeiter schaut den Professor entsetzt an und fragt ihn unwirsch: „Opa! Willste 'ne Tracht Prügel oder was? Schon mal im Leben was vom ‚Steineklopfen' gehört? Das hier ist ‚Steineklopfen'! Weißt du, was das bedeutet? Hau dich vom Acker!"*

*Der zweite scheint schon etwas mehr Freude an der Arbeit zu haben. Mit einem frohen Lied auf den Lippen meißelt er vor sich hin. Befragt nach seiner Motivation, antwortet er: „Ach wissen Sie, wenn das so ein strahlender Tag ist und 'ne herausfordernde Arbeit zu machen ist – beispielsweise Ziselierungen an einer Säule oder so was – und ein duftes Arbeitsklima herrscht: megasuper! Aber an einem trüben Novembertag, wenn du einen Quader geradeklopfen mußt und sie dir auch noch den neuen Meißel weggeklaut haben, das hält kein Mensch aus!"*

*Der dritte war kaum ansprechbar, so konzentriert wie Michelangelo war er bei der Arbeit. Endlich faßt sich der Professor ein Herz und fragt ihn: „Wie kommt es, daß Sie mit solch einer Begeisterung Steine klopfen?" Der Arbeiter schaut ihn entgeistert an und sagt: „Steineklopfen? Sehen Sie denn nicht, was ich mache? Ich arbeite am Schlußstein des Gewölbes für den Kölner Dom!"*

▶ Wie steht es um Ihre Motivation?

   ❒ *Ich gehe meinem Beruf nur nach, weil ich damit meinen Lebensunterhalt verdiene.*

   ❒ *Meine Umwelt motiviert mich ganz entscheidend: meine jeweilige Tagesaufgabe, das Arbeitsklima, die übrigen Arbeitsbedingungen.*

   ❒ *Mein Beruf füllt mich aus. Das, was ich tue, ist sinnvoll und macht mir Freude.*

▶ Oder anders ausgedrückt: Haben Sie Ihren „Kölner Dom"?

*Mein „Kölner Dom":*

---

---

---

---

---

---

Auch Routine-Aufgaben können Spaß machen, wenn man weiß, warum man sie macht.

▶ Wissen Sie, wo Ihr Steineklopfen – Ihre Routineaufgaben – in Ihrem Kölner Dom ihren Platz haben?

*Mein Steineklopfen:*

_____

_____

_____

_____

_____

_____

_____

Vielleicht sagen Sie nun: „Also, einen Dom baue ich nicht. Vielleicht eher eine Dorfkirche." Das ist schon einmal viel wert. Aber nun möchten Sie aus Ihrer „Dorfkirche" einen „Dom" machen. Dann kann ich Ihnen folgenden Rat geben.

● **Tip**: Investieren Sie in den nächsten 30 Tagen zehn Minuten täglich, um – möglicherweise mit Ihrem Partner – Ideen zu sammeln für Ihre berufliche Vision.

Falls Sie meinen, daß Sie das nicht schaffen, frage ich Sie: Wenn Sie jeden Tag mit Ihrer Familie zehn Minuten lang planen würden, wie Sie Ihr Wohnzimmer noch schöner, noch gemütlicher, noch wohnlicher gestalten könnten, wären Sie dann nicht nach einem Monat in der Lage, eine fünfteilige Serie für „Schöner Wohnen" daraus zu gestalten? Sie werden bestimmt antworten: „Aber klar schaffe ich das, Ideen für mein Wohnzimmer habe ich massenhaft!" Und was für Ihr Wohnzimmer gilt, das soll für Ihr zukünftiges Leben nicht gelten?

▶ Also, hier können Sie gleich Ihre ersten Ideen für Ihre berufliche Vision notieren.

*Meine Ideen:*

_____

_____

_____

_____

_____

_____

_____

_____

# Erfolgsgeheimnis Nr. 2: Kräftekonzentration

▶ Was hat Sie bis jetzt daran gehindert, Ihre Vision zu realisieren?

❑ *Ich habe zuwenig Zeit.*

❑ *Ich habe zuwenig Geld.*

❑ *Ich stoße in meinem Unternehmen auf Widerstand.*

❑ *Ich fühle mich von meiner Familie nicht unterstützt.*

❑ _____

Wenn eine oder mehrere Antworten auf Sie zutreffen, dann ist das Erfolgsgeheimnis der Kräftekonzentration besonders wichtig für Sie. Die Kräftekonzentration ist das strategische Konzept, um die Nr. 1 zu werden.

*Entwickelt wurde das Grundprinzip der Kräftekonzentration von einem Militärstrategen, der noch heute weltberühmt ist. Das ist kein Zufall; schließlich erforderte die Kriegsführung stets, den Grundsatz zu beachten: „Wir haben begrenzte Ressourcen. Was können wir tun, um besser zu sein als die anderen?" Er hieß Epaminondas, war Feldherr von Theben und schlug im Jahr 371 v.Chr. das Heer der Spartaner mit der „Schiefen Schlachtordnung" in die Flucht. Bisher waren die Soldaten immer Mann gegen Mann aufgestellt wurden. Epaminondas dagegen hatte seinen linken Flügel verstärkt, und so war es ihm ein leichtes, den gegenüberliegenden feindlichen Flügel zu überwältigen und den Gegner von vorne und hinten in die Zange zu nehmen – ein taktischer Geniestreich.*

Erfunden hat er das Prinzip der Kräftekonzentration freilich nicht. Im Grunde genommen handelt es sich nämlich um ein Naturgesetz. Es lautet: **Kraft ist gleich Druck durch Fläche.** Rein intuitiv haben schon unsere ältesten Vorfahren dieses Gesetz angewandt. Schließlich sind alle Gegenstände, die zum Überwinden von Widerständen genutzt werden – ob Sägen, Beile oder Nägel –, spitz ausgerichtet. Für Ihren beruflichen Erfolg bedeutet das: Je enger das Feld ist, auf das Sie Ihre Energie, Ihre Zeit und Ihr Know-how konzentrieren, desto größer ist die Chance, daß Sie den Durchbruch erzielen.

Auch Psychologen ist dieses Prinzip unter dem Namen „Überstrahlphänomen" wohlbekannt: Ein Athlet kann in fünf verschiedenen Disziplinen richtig gut sein, sogar der zweitbeste auf der ganzen Welt – als erfolgreich gilt nur der Sieger, der erste im Rennen, selbst wenn er sich bloß in einer Disziplin versucht hat.

Ökonomen drücken es in ihrer Sprache folgendermaßen aus: „Wir müssen eine Position finden, in der wir ein brennendes Problem unserer Zielgruppe sichtbar besser lösen als alle anderen."

Der Papst der Wettbewerbsforscher, Michael Potter, sagt: „Ein Unternehmen ist auf Dauer nur dann erfolgreich, wenn es ihm gelingt, sich von anderen Unternehmen deutlich sichtbar zu differenzieren."

Professor Hermann Simon hat 500 deutsche Unternehmen, die auf ihrem Gebiet Weltmarktführer sind, untersucht und festgestellt, daß alle 500 – ohne eine einzige Ausnahme – nach dem Grundsatz der Kräftekonzentration arbeiten.

*Nennen wir ein paar Beispiele. Etwa Aldi. Die Gebrüder Albrecht haben sich gesagt: „Wir machen nicht alles. Bei uns gibt es keine Frischwurst und keine schönen Dekorationen. Wir bieten nur wenige Produkte an, und die stellen wir in Kartons auf den Boden, denn wir möchten kein Geld für Regale ausgeben. Aber wir bieten gute Qualität zu unschlagbaren Preisen."*

*Oder Fielmann. Fielmann behauptet nicht: „Wir haben den besten Service und die tollsten Studios." Fielmann sagt nur: „Bei uns bekommen Sie topmodische Brillenfassungen auf Rezept."*

Das Prinzip ist völlig klar. Den meisten meiner Seminarteilnehmer leuchtet es sofort ein. Und doch ist vielen zunächst unwohl bei dem Gedanken an Spezialisierung. Peter Drucker, der weltweit erfolgreichste Unternehmensberater, betont: „Kein Prinzip wirtschaftlichen Erfolgs wird so oft vernachlässigt wie der Grundsatz der Kräftekonzentration."

▶ Wie steht es mit Ihnen? Was hält Sie eigentlich davon ab, sich zu spezialisieren?

*Ich habe mich bislang nicht spezialisiert, weil ...*

_____

_____

_____

_____

Meistens werden die folgenden drei Einwände genannt:

**Einwand 1**: *Das griechisch-abendländische Kulturideal: Eine breite Grundausbildung ist unbedingt erforderlich.*

Bitte unterscheiden Sie: Für die Persönlichkeitsentwicklung ist dieser Grundsatz, der uns von der Dreierbande Aristoteles, Sokrates und Platon eingeimpft wurde, überaus wichtig. Aber für unseren Beruf ist das sehr problematisch.

Wir werden so wehmütig, wenn wir hören: „Leibniz war der letzte Universalgelehrte." Und manchmal denken wir: „Ach, könnten wir doch so sein wie Leonardo da Vinci, der das gesamte Wissen seiner Zeit in sich vereinte." Na ja, damals gab es aber auch noch nicht so viel Wissen.

In einer Zeit, die so arbeitsteilig organisiert ist wie die unsere, ist es einfach gegen alle Regeln der Vernunft, wenn 10.000 junge Menschen das gleiche lernen. Wenn diese 10.000 Menschen alle Physik studieren, und jeder von ihnen macht ein Diplom mit der Note sehr gut, ist dieses Diplom so viel wert wie Sand in der Wüste.

Ich finde es so traurig, wenn jemand wie ein Doktor der Philosophie keine andere Anstellung gefunden hat als Taxifahren. Ich habe nichts gegen Taxifahrer, aber ich stelle es mir ungeheuer frustrierend vor, wenn sich ein Mensch acht oder zehn Jahre lang mit gesammeltem Know-how beschäftigt hat, wenn er weiß, wie die großen Philosophen gedacht haben, wenn er vielen Menschen als Coach und Ratgeber zur Seite stehen könnte.

Ich habe einen Lehrauftrag in der Fachhochschule Köln. Wir haben vor drei Jahren ein Coaching-Experiment gemacht. Wir haben 20 Studenten ausgewählt, durchschnittliche Studenten, haben zwei Jahre lang ein Netzwerk aufgebaut mit drei bis vier Praktika bei für sie interessanten Firmen. Die Leute haben 32 Diplomarbeiten mehr bekommen, als sie für ihr 20-Mann-Team brauchten. Diese 32 Diplomarbeiten konnte ich dann dem Dekan zur Verfügung stellen für andere Studenten, die sich nach einer Diplomarbeit die Hacken abgerannt haben. Unsere Studenten waren nur Durchschnitt, aber sie haben sich in einem Bereich spezialisiert.

- **Tip**: Falls Sie selbst studieren sollten, bitte beherzigen Sie meinen Rat. Falls Ihre Kinder zur Universität gehen, rufen Sie heute noch Ihren Sohn oder Ihre Tochter an, und geben Sie diesen Tip weiter: Es ist gut zu studieren, auch wenn es etwas ist, was alle studieren – aber bitte sorgen Sie dafür, daß Sie sich in einem Bereich spezialisieren.

**Einwand 2**: *Die bange Frage: Was ist, wenn meine Spezialisierung nicht mehr von Bedeutung ist?*

Was ist zum Beispiel, wenn ich mich auf Kohleöfen spezialisiere, und irgendwann wollen die Leute Öl.

Die Antwort darauf ist denkbar einfach: Konzentrieren Sie sich nicht auf ein Verfahren, sondern auf ein Grundbedürfnis. Sind Sie beispielsweise Heizungsfachmann; dann beschränken Sie sich nicht auf Kohle- oder Ölheizungen, die in 20 Jahren überholt sein könnten, sondern spezialisieren Sie sich auf „preiswerte Heizenergie", die wird immer ein wichtiges Grundbedürfnis aller sein.

**Einwand 3**: *Es gibt so vieles, was ich gern mache und gut kann.*

Der Hauptgrund, warum wir uns nicht konzentrieren, ist unser teuerster Sprachfehler. Es ist unsere Unfähigkeit, „Nein!" sagen zu können. Lernen Sie, „Nein!" zu sagen zu den Dingen, die Sie am zweitbesten können. Nur dann können wir uns auf unsere eigentliche Stärke konzentrieren.

*Zum Beispiel der Formel-Eins-Pilot Michael Schumacher. Ich habe mal mit einem ehemaligen Schulkameraden von Michael Schumacher gesprochen. Der meinte: „Schumi besitzt ein wirklich gigantisches Talent. Er ist vom Timing her so gut, daß er bei jeder Ballsportart glänzt. Seine Ausdauer ist immens, er wäre sicher auch ein hervor-*

*ragender Läufer oder Radfahrer geworden.* " *Das glaube ich zwar
gerne, aber ich denke bei mir:* „*Gut, daß er sich nicht dafür entschieden hat, in zwölf Disziplinen Kölner Stadtmeister zu werden. Er
würde nämlich sonst immer noch von der Sporthilfe leben.* "

Nutzen auch Sie das Prinzip der Kräftekonzentration für sich.
Fragen Sie sich:

▶ 1. In welchem Fachgebiet innerhalb Ihrer Tätigkeit sind Sie besser als alle anderen?

*Meine Stärken:*

_____

_____

_____

_____

_____

▶ 2. Mit welchen Mitteln können Sie an der Verfeinerung Ihrer
Kenntnisse arbeiten?

*Meine Schritte zum Experten:*

_____

_____

_____

_____

_____

# Erfolgsgeheimnis Nr. 3: Sog-Marketing

Wie sorgen Sie dafür, daß die Kunden zu Ihnen kommen?

Früher sagte man: „Werde Experte, Spezialist auf deinem Gebiet."
Heute reicht das nicht mehr, denn es tummeln sich sehr viele Experten auf dem Markt. Es muß uns also darum gehen, unser Expertentum zu vermitteln, uns selbst bekannt zu machen.

*Vor drei Jahren habe ich mal ein Seminar gehalten für die Top-Verkäufer einer Immobilienfirma. Sie wissen schon, so eine Veranstaltung in den Schweizer Alpen. Die Leute besuchen von 9.00 bis 10.30 Uhr ein Seminar, und danach werden sie von einem Helikopter zum Skifahren im Tiefschnee abgeholt. Seit zwölf Jahren machten die das so. Alle wußten Bescheid über diese Alibi-Veranstaltung, nur ich nicht. Sie können sich vorstellen, wie motiviert diese Leute vor mir saßen. Sie lümmelten sich gelangweilt auf ihren Stühlen herum, die Arme verschränkt, mit einer Miene, die nur allzu deutlich ausdrückte, was sie dachten: „Christiani, wenn ich nicht gut wäre, wäre ich nicht da, wo ich jetzt bin. Wer will mir noch was über Verkauf erzählen? Deine Sprüche kennen wir: ‚Wer fragt, der führt! Eine Termin-Alternative zum Abschluß.' Am besten, du erzählst ein paar gute Witze, damit die Zeit schneller vorbeigeht und wir dann endlich skifahren können."*

*Da habe ich mir gedacht, das kann's ja wohl nicht sein. Ich stellte ihnen die Frage: „Wer ist hier der beste Verkäufer?" Zwei schauten sich an, und der eine sagte: „Ja, ich glaube, ich bin es." Ihn bat ich nach vorne zu einem kleinen Rollenspiel: er setzte sich auf einen Stuhl, und ich schrieb – so, daß er es nicht sah – Dinge auf einem Flip-Chart nieder, die ich vermeintlich im Golfclub über ihn gehört hatte:*

- *„geht über Leichen"*
- *„eiskalter Provisionsjäger"*
- *„Je freundlicher er auftritt, um so vorsichtiger müssen Sie sein."*

*Dann begann er ein Verkaufsgespräch mit mir: „Was halten Sie von Immobilien?" „Viel", sagte ich. „Wer tut das nicht?" Und zur Gruppe: „Dem werde ich meine wahre Meinung sagen!" Und so ging's weiter hin und her. Nach drei Minuten brach ich ab und fragte, welche Chancen er hätte, mir ein Objekt zu verkaufen. Einhellige Antwort: „Wenn über einen Menschen soviel Negatives verbreitet wird, hat er überhaupt keine Chance." „Stimmt. Und er ist ihr bester Mann!"*

*Auf die nächste Seite des Flipcharts schrieb ich einige andere Dinge über ihn:*
- *„unbeschriebenes Blatt"*
- *„noch nie von ihm gehört"*

*Dann bin hingegangen und habe ihn gefragt: „Guten Tag. Haben Sie einen Prospekt für mich? Das sieht ja ganz gut aus. Stimmt die Telefonnummer auf der Visitenkarte noch? In Ordnung, wenn es mich interessiert, melde ich mich bei Ihnen." Auf meine Frage, wie die Aussichten jetzt stünden, meinten alle: „Na ja, so wie im Alltag, aber nicht gut."*

*Beim dritten Mal schrieb ich auf den Flipchart:*
- *„bekannter Immobilienmakler"*
- *„zwei Veröffentlichungen im Handelsblatt in den letzten achtzehn Monaten"*
- *„fünf Empfehlungen von Kollegen im Golfclub" und als Gag*
- *„persönlicher Immobilienberater von Helmut Kohl"*

*Das Gespräch begann ich mit: „Herzlichen Dank, daß Sie überhaupt Zeit für mich haben. Ich bin nur ein kleines Licht, Sie brauchen mir nur zu sagen, wieviel ich von meiner Steuerlast vertrage. Zum Notar kann ich auch nachher noch alleine gehen. Ich möchte gar nicht unnötig Ihre Zeit beanspruchen."*

*Dann wendete ich mich wieder an die Seminarteilnehmer und fragte sie: „In welcher dieser drei Rollen möchten Sie in Zukunft einem Neukunden gegenüberstehen?"*

*Da meldete sich einer in der letzten Reihe und antwortete: „Christiani, ist das die Testfrage um festzustellen, ob unser IQ über Raumtemperatur liegt? In der Rolle des Experten natürlich!"*

*„O.k., wenn das so einfach ist", habe ich dann gesagt, „dann zählen Sie doch mal auf, was Sie alles in den letzten zehn Jahren getan haben, um bei Ihrer Zielgruppe in der Rolle des Experten empfangen zu werden?"*

*Man hätte die berühmte Stecknadel auf den Boden fallen hören können. Die Leute waren regelrecht schockiert. So sonnenscheinklar der Sachverhalt ist, sie haben nie darüber nachgedacht.*

▶ Fragen Sie sich doch bitte auch einmal:

Was haben Sie in den letzten zehn Jahren getan, um in Ihrem Unternehmen, in Ihrer Branche und bei Ihren Kunden als Experte bekannt zu werden?

*Meine bisherigen PR-Maßnahmen:*

_____

_____

_____

_____

_____

_____

_____

Egal, ob Sie im Verkauf oder in jedem anderen Bereich tätig sind, für jeden von uns gilt: wir verkaufen immer unsere Leistung.

Wenn Sie ein beliebiges Buch zum Verkaufstraining, zur Präsentation, in die Hand nehmen, sagen wir einmal, einen Band von 300 Seiten, dann finden Sie 290 Seiten zum Thema: „Was mache ich, wenn
ich beim Kunden bin?"

Wenn Sie aber etwas berufliche Erfahrung haben, dann können Sie
das, was Sie beim Kunden sagen. Die viel interessantere Frage lautet: „Wie komme ich überhaupt zum Kunden hin?" Dazu finden Sie
in den meisten Verkaufslehrbüchern nur fünf Seiten: „Kaltakquise-
Gespräch" und „Wie bekomme ich nachher eine Empfehlung?"

Meine These ist: Die Frage „Wie komme ich zum Kunden?" ist falsch.
Alle Verkäufer stellen sich die gleiche Frage, alle geben die gleichen
Antworten, alle stehen an der gleichen Stelle im Stau und überschüt-
ten ihre Kunden mit Direktmailings.

Die besten einer jeden Branche stellen sich die richtige Frage: „Wie
kommen die Kunden zu mir? Wie kommuniziere ich mein Expertentum richtig?" Und auch das gilt für jeden von uns.

Der wohl bekannteste deutsche Sportarzt, Dr. Hans-Wilhelm Mül-
ler-Wohlfahrt, hat diese Frage für sich richtig beantwortet: „Indem
ich einige berühmte Patienten gewinne." Ich bin sicher, daß Dr. Mül-
ler-Wohlfarth ein hervorragender Arzt ist. Aber er nimmt gar nicht
für sich in Anspruch, der beste Orthopäde in Deutschland zu sein. Er
kümmerte sich einfach zuerst um die Knochen der Fußballer vom
FC Bayern, um dann schließlich auch Boris Becker, Steffi Graf und
viele andere nationale Sportgrößen in seiner Praxis empfangen zu
können.

Was ich Ihnen vorschlagen möchte, womit ich Sie nachdenklich
machen will: Verkauf, Marketing und Unternehmertum sind Funktionen Ihres beruflichen Erfolg. Marketing ist der Punkt, um den sich
alles dreht. Wir müssen anfangen zu kommunizieren. Das zentrale
Instrument, um bei den entscheidenden Leuten bekannter zu werden, ist ein funktionierendes Netzwerk.

▶ Was können Sie in den nächsten zwölf Monaten tun, um in Ihrer Zielgruppe und in Ihrem Bereich als Experte bekannt zu werden?

*Meine neuen PR-Maßnahmen:*

_____

_____

_____

_____

_____

_____

_____

_____

# Erfolgsgeheimnis Nr. 4:
# Werden Sie Ihr Netzwerkarchitekt!

Wie kommt es, daß jemand wie Wolfgang Lang, 29 Jahre alt, seit fünf Jahren im Business, in der Lage ist, eine Kundenkartei zu haben, die fünfmal größer ist als die seines zweitgrößten Mitbewerbers. Über 100.000 Menschen in Deutschland sind Kunden bei der birkenbihl-gruppe. Wolfgang Lang kennt in Deutschland jeden erfolgreichen Referenten. Er kennt jeden Journalisten, der für die Weiterbildungsbranche schreibt. Wie kann jemand in fünf Jahren das aufbauen? Meine Antwort darauf lautet: Er hat es nicht durch Zufall aufgebaut. Er hat dieses Netzwerk systematisch aufgebaut.

Dieses berühmte „Vitamin B", dieses **Netzwerk an Beziehungen**, ist unendlich wichtig.

Ich nenne Ihnen noch ein Beispiel, aus dem Sie ersehen können, warum ich diese Idee des Netzwerkes bei allen Unternehmern und Freiberuflern, die ich coache, an die Spitze stelle.

*1992 referierte auf einem Trainer-Seminar in Toronto Harvey McKay, der Autor des Buches: „Wie man mit den Haifischen schwimmt, ohne gefressen zu werden". Er berichtete davon, wie es ihm gelungen ist, als noch unbekannter Sachbuchautor eine Startauflage von 100.000 Exemplaren zu erzielen (üblich sind 10.000): „Ich habe dem Verleger gesagt, ich will 100.000. Die Antwort war ein klares ‚Nein!'.*

*Da habe ich auf seinem Schreibtisch meine Kundenkartei geöffnet und gesagt: ‚Das sind 6.500 Adressen aus 35 Berufsjahren, von beruflichen und privaten Kontakten, die ich zweimal im Jahr pflege: der Vizepräsident von IBM Australien, der Vertriebschef von Motorola Kanada, alles Adressen dieses Kalibers. Wenn ich mein Buch jedem meiner 6.500 Netzwerkkontakte schicke, dann braucht jeder von denen nur ein paar hundert für seine Mitarbeiter nachzuordern, und Sie werden mit dem Drucken gar nicht mehr hinterherkommen.'"*

Seitdem gebe ich jedem den Rat: Wenn Ihr Haus brennt, Sie Ihre Familie gerettet haben und Sie können noch einmal zurückrennen, holen Sie Ihre Netzwerkkartei raus.

Dies gilt nicht nur für Unternehmer und Freiberufler. Auch wenn Sie Angestellter sind, können Sie durch Berufsverbände, über Netzwerke und gezieltes Publizieren in Fachzeitschriften innerhalb eines Jahres bei den Entscheidern Ihrer Branche bekannt werden, und dann haben Sie die Sogwirkung der Leute, die auf Sie zukommen.

▶ Deshalb stellen Sie sich bitte die Frage: Funktioniert mein Netzwerk? Welche Kontakte wären Ihnen nützlich für Ihren beruflichen oder privaten Erfolg? Sie müssen dabei nicht unbedingt schon Namen kennen, es reicht zunächst, wenn Ihnen bewußt wird, welchen Aufgabenbereich diese Menschen haben. Dann erst bringen Sie in Erfahrung, welche Personen dahinterstecken.

*Wen möchte ich kennenlernen?*

_____

_____

_____

_____

_____

_____

_____

• **Tip**: Falls Sie nicht wissen, wie an die Leute heranzukommen ist, die für Sie interessant sind, dann fragen Sie sich doch einfach: „Wer kennt die, die ich kennenlernen möchte?" Nehmen Sie Kontakt mit diesen Menschen auf, und schlagen Sie eine Zusammenarbeit vor, denn es gibt bestimmt ein Feld, auf dem Sie auch etwas für diese Personen tun können.

# Erfolgsgeheimnis Nr. 5:
# Was sind Ihre Hauptmotivatoren?

Motivatoren sind die Sensorknöpfe in unserem Gehirn. Wenn die jemand berührt, dann legen wir den Hebel um und geben Vollgas. Für einige ist z.B. die Aussage: „Das schaffst *Du* nie!" ein solcher Motivator. Dann werden sie einen Meter größer, einen halben Meter breiter, bekommen einen Killerblick und erwidern: „Jetzt erst recht!"

Für andere führt ein „Das schaffst *Du* nie!" dazu, daß sie resignieren, den Kopf hängenlassen und feststellen: „Ich hab' ja immer schon gewußt, daß ich nichts kann. Jetzt bin ich endgültig in meiner Meinung bestätigt worden!"

Bei anderen Menschen ist **Teamwork** ein solcher Motivationsknopf. Für sie ist es beispielsweise die allergrößte Pein, ihre Kollegen zu enttäuschen.

*Ein Kölner Unternehmer, der vor einigen Jahren eines meiner Seminare besuchte, meinte zu mir: „Mein Doc sagte immer, ich solle joggen gehen. Aber, allein im Wald, da krieg' ich immer so 'ne Angst, daß ich dachte: Das kann nicht gut sein fürs Herz, da hab' ich's wieder sein gelassen." Er war Mitglied im Kegelclub, im Karnevalsverein und sonstwo. Ein Teamarbeiter, dachte ich und fragte: „Warum gehen Sie nicht mal zum Lauftreff?" „Lauftreff? Da kenn' ich doch keinen." „Aha", dachte ich, „der Mann will erstens Team und zweitens bekannte Leute." Da habe ich ihm vorgeschlagen, doch einen eigenen Lauftreff zu gründen, mit Leuten, die er kennt.*

*Gesagt, getan. Einige Zeit später traf ich ihn wieder. Er berichtete: „Wissen Sie, wir gehen jetzt zweimal die Woche laufen. Letzten Samstag prasselte ein solcher Hagelschauer hernieder, mit Hagelkörnern so groß wie Hühnereier; da hätte man nicht einmal die GSG 9 vor die Tür gejagt. Lebensgefährlich, sage ich Ihnen. Und wir Deppen jagen durch die Landschaft. Nachher – beim Glas Wasser – frag' ich meinen Kumpel: „Warum hast du denn nicht angerufen, um diesem Unfug ein Ende zu setzen? Ich hab' die ganze Zeit nur darauf gewartet." Da entgegnete der: „Ach nee. Und warum hast du nicht angerufen? Ich hab' auch die ganze Zeit vorm Telefon gesessen und gewartet."*

Es ist von großem Nutzen, sein persönliches Motivationsumfeld zu analysieren. Jeder Mensch besitzt aufgrund seines Charakters, seiner Erziehung und seiner Erfahrungen bestimmte Denk- und Gefühlsgewohnheiten – seine ganz persönlichen Motivatoren. Wer diese Motivationsknöpfe kennt, dem fällt es leicht, sich ein Umfeld zu schaffen, das ihn begeistert und inspiriert. Höchstleistung, egal ob im Sport oder im Beruf, basiert auf physischer und mentaler Stärke. Und mentale Stärke ist nichts anderes als zu erkennen, was einen am meisten motiviert.

Einer dieser Motivationsknöpfe ist beispielsweise das Jetzt-erst-recht-Denken, das anfangs erwähnte Annehmen einer **Herausforderung**. Manche Menschen entwickeln erst so richtigen Ehrgeiz, wenn ein Problem unlösbar scheint, oder sie laufen erst zu Höchstleistung auf, wenn andere – der Chef, der Vater – ihnen die Realisierung einer Aufgabe nicht zutrauen. Haben Sie in der Vergangenheit durch Schwierigkeiten, Nachteile oder Geringschätzung seitens Ihnen wichtiger Personen erst bewiesen, was in Ihnen steckt, dann ist Herausforderung einer Ihrer Beweggründe für erfolgreiches Handeln.

Der Wille, **es anderen gleichzutun** ist ein weiterer Motivator. Schauen Sie sich im Kollegenkreis oder in Ihrer Nachbarschaft um, dann begegnet Ihnen dieser Antrieb auf Schritt und Tritt: „Was der kann, kann ich schon lange." Wenn die Nachbarn in der Karibik Urlaub machen, dann können wir das auch. Wenn der Kollege sich um den Abteilungsleiterposten bewirbt, dann kann ich mir das mit Leichtigkeit zutrauen.

**Selbst in Aktion zu sein** ist ebenfalls ein Motivationsknopf in uns. So gibt es Menschen, die um so leistungsstärker sind, je mehr Aufgaben sie zu bewältigen haben. Das soll heißen, sie entfalten erst bei einem vollen Terminkalender und unter Zeitdruck ihre wahre Stärke.

Auch durch **Anerkennung** wird bei vielen der Leistungsturbo aktiviert. Führen Sie sich einen Ihrer Erfolge vor Augen. War Ihnen das Feedback Ihres Chefs, das Lob und die Anerkennung Ihrer Eltern oder Lehrer besonders wichtig, dann ist das ein Hinweis darauf, daß Sie Lob besonders anspornt.

**Wettkampforientierung** ist bei manchen Menschen der Auslöser zum effektiven Handeln. Dieser Wunsch, immer der Beste zu sein, kann – sinnvoll eingesetzt – ein ungeheurer Motivator sein. Er beinhaltet neben der Orientierung an der Leistung anderer auch das Streben, sich selbst immer wieder zu übertreffen.

Der Motivator **Companionship** trifft auf Menschen zu, die es motiviert, etwas mit anderen gemeinsam zu tun, sich über Aufgabenstellungen auszutauschen. Companionship meint also Teamwork, wobei es nicht ausschließt, auch allein arbeiten zu können (im Sinne von Verantwortung tragen).

**Zukunftsperspektive**: Viele Menschen motivieren sich mit der Hoffnung auf eine bessere Zukunft. Dafür arbeiten sie in der Gegenwart hart und nehmen viele Entbehrungen auf sich. Für solche Menschen sind beispielsweise der Karriereplan und die aufgezeigten Perspektiven im Job viel wichtiger als das momentane Gehalt. Wer diesen Motivator nicht hat, schaut weniger in die schillernde Zukunft als vielmehr auf den aktuellen Gehaltskontoauszug.

Für manch einen ist auch der Wert und der Sinngehalt der Aufgabe, der er nachgeht, von entscheidender Bedeutung. Diese **Identifikation mit einer Aufgabe** findet man oft bei Menschen, die sich ehrenamtlich oder karitativ einsetzen. Wie die Aufgabe bezahlt wird, ist hier unwichtig, wichtig ist der Zweck, den sie erfüllt.

**Wohlgefühl** während des Ereignisses: Sich nach einem Erfolg wohl zu fühlen ist selbstverständlich. Doch es gibt Menschen, denen der Streß während der Bewältigung einer Aufgabe zusätzliche Motivationsschübe beschert. Je stärker sie unter diesem positiven Druck (Eu-Streß) stehen, um so mehr laufen sie zu Höchstleistungen auf.

**Allein arbeiten zu können**, die volle Verantwortung für ein Projekt zu tragen, Herr des Geschehens zu sein, spornt den einen an. Wer diesen Motivator nicht besitzt, für den ist diese Vorstellung unangenehm; bei dem steht der Aspekt, den schwarzen Peter zugeschoben zu bekommen, wenn es nicht funktioniert, im Vordergrund.

**Erinnerungen an vergangene Erfolge oder Mißerfolge** können ebenfalls motivierend wirken. Wer bei einem Marathon bei Kilometer 34 seinen scheinbar toten Punkt erreicht hat, den kann die Erinnerung, diesen Punkt schon einmal überwunden zu haben, ebenso anspornen wie einen anderen die Tatsache demotivieren, an diesem Punkt bereits einmal aufgegeben zu haben.

Was den einen motiviert, kann aber den anderen krank machen. Deshalb sollten Sie wissen, was Sie bewegt, dann können Sie Ihr privates und berufliches Leben so steuern, daß Ihre persönlichen Startknöpfe möglichst oft aktiviert werden. Im Anhang finden Sie ab Seite 204 einen ausführlichen Test, mit dem Sie Ihre individuellen Hauptmotivatoren erkennen können.

# Erfolgsgeheimnis Nr. 6: Mentales Training – der Motivations-Turbo der Erfolgreichen

Mehrere voneinander unabhängige Studien haben gezeigt, was sehr erfolgreiche Menschen von weniger Erfolgreichen unterscheidet. Bei keinem Charakterzug konnten große Unterschiede ausgemacht werden: manche erfolgreiche Menschen sind introvertiert, manche extrovertiert. Der einzige signifikante Unterschied ist: den weniger Erfolgreichen fehlt eine klare Vorstellung von dem, was sie erreichen möchten, die Erfolgreichen haben diese bildhafte Vorstellung. Bei ihnen läuft die Zukunft als „inneres Fernsehen" vor ihrem geistigen Auge so klar und deutlich ab wie bei den Durchschnittlichen nur deren Vergangenheit.

Versuchen Sie doch bitte einmal folgende Übung.

- **Übung**: *Stellen Sie sich gerade hin. Nehmen Sie Ihre Arme in Kopfhöhe, und drehen Sie Ihren Oberkörper so weit nach hinten, wie Sie können. Deuten Sie mit dem Zeigefinger auf den äußersten Punkt, den Sie gerade noch erreichen können und merken Sie ihn sich. Haben Sie diesen Punkt deutlich vor sich? O.k., dann können Sie sich wieder zurückdrehen.*

*Bleiben Sie so stehen, und schließen Sie Ihre Augen. Nun stellen Sie sich vor, Sie seien ein indischer Yogi und biegsam wie ein Gummiseil. Malen Sie sich möglichst detailreich aus, wie Sie sich*

*nach hinten drehen, immer weiter, und schließlich einige Zenti-*
*meter weiter kommen als eben, leicht und locker. Jetzt wiederho-*
*len Sie die Übung in der Praxis, und ... Wetten, daß Sie einige*
*Zentimeter weiterkommen als vorher?*

Dieses Rezept kennen Sie alle: Auch Sie können sicher 30% mehr
leisten als bisher. Denken Sie nur an den letzten Tag vor Ihrem Urlaub zurück. Sie haben schon am Vorabend eine To-do-Liste gemacht,
spätesten aber am Morgen. Sie haben schon morgens beim Aufstehen, unter der Dusche, beim Frühstück in einem „inneren Film" einen exakten Plan entworfen, wie alles ablaufen soll. Sie haben sich
überlegt, wo Zeitengpässe entstehen könnten und wie Sie damit umgehen. Sie waren an diesem Tag viel zeitsensibler als sonst und haben das, was Sie sonst bis 17 Uhr schaffen, schon mittags fertig gehabt.

Alle Menschen können das; es ist nur die Frage, ob sie es auch tun.
Probieren Sie es einfach einmal – die Fähigkeit zum „inneren Fernsehen" kann man ganz leicht trainieren.

Sie kennen bestimmt Steven Spielberg, den Hollywood-Regisseur,
der einen phantastischen Film nach dem anderen hervorbringt, z.B.
„E.T." oder „Jurassic Park". Was die Themen seiner Filme betrifft,
unterscheidet er sich nicht groß von anderen Regisseuren. Aber er
hat die Gabe, Inhalte so visuell und so dramatisch zu inszenieren,
daß sie Menschen in den Bann ziehen.

● **Die Steven-Spielberg-Übung:** *Werden Sie Ihr eigener Drehbuch-*
  *autor. Nehmen Sie Ihr berufliches Hauptziel, und schreiben Sie*
  *sich dafür ein Drehbuch. Sehen Sie sich dabei am Ziel, schauen*
  *Sie den Weg zurück. Arbeiten Sie in Ihrem Drehbuch mit besonde-*
  *ren Höhepunkten, die Sie ganz detailliert aufzeichnen. Suchen Sie*
  *sich Ihre Hauptdarsteller, halten Sie die Dialoge fest, beschrei-*
  *ben Sie die Kulisse, bestimmen Sie die Kameraführung ... usw.*

*Das Drehbuch muß ja nicht gleich beim ersten Mal fertig wer-*
*den. Lassen Sie Ihren Berufsfilm regelmäßig vor Ihrem geistigen*

*Auge ablaufen, zum Beispiel jedesmal, wenn Sie irgendwo war-*
*ten müssen, etwa im Stau oder im Wartezimmer. Malen Sie im-*
*mer wieder neue Details dazu.*

# Ausblick

Haben Sie den Beitrag bis hierhin durchgearbeitet, haben Sie eine
ganze Menge über sich selbst erfahren.

1. Sie kennen nun Ihren „Kölner Dom", sowohl beruflich als auch
   privat.

2. Sie wissen, daß und worauf Sie sich spezialisieren sollten.

3. Sie kennen das Prinzip, mit dem Sie erreichen, daß Menschen,
   die für Ihr Weiterkommen wichtig sind, auf Sie und Ihre Leistungen aufmerksam werden.

4. Sie wissen, wie wichtig ein weitreichendes Netzwerk ist und wie
   Sie es systematisch aufbauen.

5. Sie kennen Ihre Motivatoren, mit denen Sie sich dauerhaft zu
   Höchstleistungen antreiben können.

6. Sie wissen, welche Rolle der „Film von Ihrer Zukunft" für Ihren
   Erfolg spielt.

Sie sind nun mit sechs wesentlichen Prinzipien vertraut. Schon wenn
Sie nur eines der Prinzipien umsetzen, werden Sie sich in kurzer Zeit
beruflich deutlich weiterentwickeln: Ich garantiere Ihnen: drei bis
vier konsequent umgesetzte Punkte bringen Sie an die Spitze in Ihrer
Branche.

Zum Schluß möchte ich Ihnen noch die Geschichte des Australiers
Cliff Young erzählen:

*Können Sie sich vorstellen, jemals in Ihrem Leben Marathon zu lau-*
*fen? Können Sie sich vorstellen, daß das langweilig wird und Sie*

*zwei Marathons hintereinander laufen? Oder drei vor dem Abendessen? Oder Sie sagen: „Das reicht mir nicht mehr, ich mache Triathlon: ich schwimme 3,8 Kilometer im Ozean, gehe 180 Kilometer aufs Fahrrad und mache noch einen Marathon hinterher." Und irgendwann machen Sie den Dreifach-Triathlon: 11,2 Kilometer Schwimmen, 540 Kilometer – von Köln bis München – auf dem Fahrrad, und dann joggen Sie vor dem Feierabend noch eben nach Garmisch-Partenkirchen. Und wenn das auch zu leicht ist, gibt es nur noch eins: den Ultra-Marathon von Sydney bis Melbourne über 1.000 Kilometer!*

*1982 trat dort ein 61jähriger Schaffarmer an, 30 Jahre älter als der zweitälteste Teilnehmer. Die Leute sagten: „Opa, geh' mal nach Hause, du willst doch wohl nicht mitlaufen?!" „Doch!" sagte der. „Ich laufe mit." „Moment mal, du hast drei Pfund schwere Stiefel an, eine Fliegerkombi – du hast ja nicht mal Sportsachen!" „Na und", entgegnet der. „Olympischer Gedanke: Dabeisein ist alles!" Da fragten die Leute: „Bist du jemals im Leben Marathon gelaufen?" „Nein, noch nie. Aber die laufen immer an meiner Farm vorbei, und da hab' ich gedacht: Ich lauf' mal mit!" „Ja", haben die anderen gesagt. „Aber hast du eine Strategie? Die besten laufen 18 Stunden, lassen sich eine Stunde massieren, schlafen vier Stunden und laufen wieder 18 Stunden lang. Wo sind deine Verpflegungsdepots?" Darauf entgegnete er: „Wieso denn? Ich bin doch nicht zum Pennen da, ich bin doch hier zum Rennen!"*

*Cliff Young lag schon am ersten Tag rund zehn Meilen hinter seinen Gegnern zurück, lief die erste Nacht durch und lag dann 20 Meilen vorn, hat in jeder Nacht nur anderthalb Stunden geschlafen und schließlich den Streckenrekord um 18 Stunden unterboten! Er war Vorbild für die Wettkämpfer im Jahr darauf, die den Rekord wieder unterboten.*

Cliff Young war ein Amateur, der nicht an die eingebildeten Grenzen der „Profis" glaubte. „Amateur" kommt vom lateinischen „amare" (= lieben). Ein Amateur ist jemand, der die Tätigkeit, die er ausübt, liebt.

Seien Sie wie Cliff Young: Lieben Sie Ihre Tätigkeit, und akzeptieren Sie nicht die Grenzen anderer, sondern stecken Sie sich Ihre eigenen!

Ich wünsche Ihnen dabei viel Erfolg!

Ihr Alexander Christiani

## Thema ③ FINANZEN

# Der Referent:
# Bodo Schäfer

*Bodo Schäfers Geschichte ist erstaunlich: Mit 16 ist er in die USA ausgewandert. Er studierte Jura in Deutschland und Mexiko. Durch gute Mentoren lernte er die Prinzipien zum Aufbau von Wohlstand kennen. Unter anderem arbeitete er als Marketing-Direktor in einem Top-Konzern.*

*Bereits mit 30 Jahren hat er finanzielle Freiheit erreicht. Heute ist er mehrfacher Millionär und trainiert Führungskräfte in Persönlichkeitsentwicklung und Finanzfragen. Bodo Schäfer ist ein Referent, der eindringlich und mit Humor spricht. Er verzichtet auf großes Tamtam und bringt seinen Zuhörern und Zuschauern die Geheimnisse des finanziellen Erfolgs präzise und leicht verständlich bei.*

*„Der in den USA geschulte Money-Coach und Buchautor versteht es auf seinen Seminaren, die Teilnehmer für das Thema Geld zu gewinnen und innere Blockaden zu beseitigen."*  Capital

*„Money-Coach Bodo Schäfer zeigt Unternehmern und Angestellten, wie man richtig reich wird. Er rüttelt auf und vermittelt sofort umsetzbares Wissen."*  Süddeutsche Zeitung

*„Ich habe viele Seminare besucht – kaum habe ich einen Trainer erlebt, der über so viel Hintergrundwissen verfügt."*  Dr. Wolfgang Drücke, Lübeck

*„Das Geheimnis seines Erfolgs liegt in seiner persönlichen Glaubwürdigkeit."*  Gottfried Bach, München

# Machen Sie sich finanziell unabhängig

Wenn Sie diese Zeilen lesen, haben Sie bereits eine Entscheidung gefällt, die die meisten Menschen niemals treffen werden. Sie nehmen sich die Zeit, um einmal zu überlegen: Wie kann ich mich verbessern?

Wir sind ja alle erfolgreich. Aber trotzdem könnten wir ein höheres Niveau erreichen. Ich gratuliere Ihnen und zolle Ihnen meinen Respekt, weil Sie sich nun persönlich mit Fragen zum Thema „Geld und Reichtum" beschäftigen wollen.

Wenn man über Geld redet – das habe ich bei meinen Seminaren immer wieder erfahren –, dann lassen sich zwei extreme Positionen unterscheiden:

● Zum einen gibt es Leute, denen bei diesem Stichwort gleichsam ein Dollarzeichen in den Augen blinkt. Diese Menschen denken fast ausschließlich an Geld und hecheln ihm regelrecht hinterher.

● Zum anderen gibt es Leute, die auf jeden Fall vermeiden wollen, so zu werden wie die Geldgierigen. Sie sagen, daß es andere Dinge gibt, die viel wichtiger als Geld sind: Familie, Beziehungen, Gesundheit oder Spirituelles. Diese Menschen denken, daß sich ihre Finanzen irgendwie von ganz alleine regeln werden.

Aber auch diese zweite Gruppe stellt ein Extrem dar: sie übersieht, daß Geld und andere Werte sich nicht ausschließen und daß wir eigentlich beides haben können.

Ich will Ihnen sagen, wie ich das Geld sehe: es ist nicht alles, und es ist nicht das Wichtigste im Leben. Aber es gibt einen Moment, da *wird* Geld zum Wichtigsten. Nämlich in dem Augenblick, da es uns an allen Ecken und Kanten fehlt. Wenn wir nicht genug davon haben, dann bekommt Geld eine viel zu große Bedeutung, und das darf einfach nicht sein. Ich möchte Ihnen nun anhand einer Geschichte verraten, wie ich zu Geld gekommen bin:

*Es war einmal ein sehr reicher Mann, der hatte eine hübsche junge Tochter. Viele junge Männer wollten diese Tochter heiraten. Da sagte sich der reiche Mann: Ich muß aufpassen, daß nicht jemand meine Tochter nur des Geldes wegen heiraten wird. Also legte er sich einen Plan zurecht. Er lud alle Heiratswilligen zu einer großen Gartenparty ein und sprach zu ihnen: „Hier ist ein großes Schwimmbecken mit ein paar Dutzend hungrigen Krokodilen. Wer es schafft, dieses als erster zu durchqueren, hat danach die Wahl: entweder erhält er ein Drittel meines Geldes oder ein Drittel meines Landes oder die Hand meiner Tochter." Noch während er sprach, machte es „platsch". Jemand durchschwamm das Becken wie besessen, vorbei an allen Krokodilen. Er kletterte triefnaß am anderen Ende wieder heraus. Der reiche Mann war gerührt, ging zu dem Schwimmer und fragte: „Willst du mein Geld?" Dieser antwortete: „Nein!" „Willst du ein Drittel meines Landes?" „Nein!" „Dann willst du also die Hand meiner Tochter?" „Nein!" „Was willst du denn?" „Ich möchte den Schuft, der mich hineingeschmissen hat!"*

So ist es auch mir ergangen, ich bin in das Thema „Geld" regelrecht hineingeschmissen worden. Mit 26 Jahren war ich pleite, und zwar so richtig gründlich. Wenn man sich in einem solchen Zustand befindet, dann überträgt sich das auch auf die anderen Bereiche des Lebens. Ich lag nachts wach mit Bauchschmerzen und bekam ein Magengeschwür. Meine Beziehung ging in die Brüche. Mein Job war nicht so, wie er hätte sein sollen. Ich konnte mich nicht mehr richtig konzentrieren. Kurzum: alles war schlecht! Ich kenne also diese Seite des Lebens zur Genüge.

Aber ich kenne auch die andere Seite: das Leben mit Geld – und dieses Leben ist einfach angenehmer!

Betrachten wir die Finger einer unserer Hände und stellen wir uns vor, ein jeder repräsentiere einen Lebensbereich: Gesundheit, Beziehungen, Finanzen, Job sowie den Bereich Lebenssinn oder vielleicht auch Spirituelles. Legen wir diese Hand nun auf einen Tisch und schlagen mit einem Hammer kräftig auf einen Finger, wird dieser sicherlich pochen und schmerzen. Dann werden wir kaum sagen: „Ist doch nicht so schlimm mit dem Schmerz, ich habe ja noch vier Finger, die gesund sind!" Genauso verhält es sich mit den Finanzen: Wenn die Finanzen nicht stimmen, wirkt sich das auf unser Gesamtwohl aus. Finanzen können unser Leben auf eine höhere Ebene führen oder aber uns in allen anderen Bereichen unseres Lebens zurückwerfen und behindern.

Ich hatte mit 26 Jahren einen klaren Moment, wahrscheinlich meinen ersten wirklich lichten Augenblick: Ich habe die Sportschau gesehen und festgestellt, daß jeder Sportler einen Trainer, einen Coach hat. Da fragte ich mich, warum nicht auch ich mich um einen solchen Coach bemühe, warum ich mir eigentlich nicht jemanden suche, der mich mit meinen Finanzen coacht. So schien es mir logisch, daß ich Ausschau nach meinem persönlichen Coach hielt. Schließlich fand ich jemanden. Er entsprach zwar nicht exakt meinen Vorstellungen, aber ich setzte die Hoffnung in ihn, daß er mir liebevoll unter die Arme greifen würde. Ich erwartete, daß er mir Mut zusprechen würde. Was hat er aber gemacht? Er stellte mir lauter unangenehme Fragen und machte mir das Leben zunächst regelrecht schwer.

Bevor ich Ihnen einige dieser Fragen nenne, sollten Sie sich zunächst noch einmal die 72-Stunden-Regel ins Gedächtnis rufen (vgl. auch Seite 76).

# Ihre Vorsätze

Wir haben viel zuviel Wissen, welches wir gar nicht anwenden. Es ist daher wichtig, daß wir mehr *tun*! Haben Sie sich schon einmal etwas vorgenommen, was Sie später doch nicht umgesetzt haben? Woran lag das? Denken Sie, daß Sie zuwenig Disziplin hatten? Oder glauben Sie, daß Ihnen das Talent dazu fehlte? Die Wahrheit ist, daß

Sie sich nicht an die 72-Stunden-Regel gehalten haben. Sie wissen ja jetzt: alles, was wir uns vorgenommen haben, müssen wir – zumindest mit dem ersten Schritt – innerhalb von 72 Stunden anfangen. Schaffen wir dies nicht, so stehen die Chancen 1 zu 99 gegen uns, daß wir das Geplante jemals beginnen werden.

Wenn Sie nun mit dem Lesen dieses Buches fortfahren, halten Sie zwischendurch immer wieder einmal inne, und fragen Sie sich, in welcher Beziehung Sie sofort handeln können, welche Dinge sich sofort ändern lassen. Nutzen Sie das Aktionsblatt auf Seite 9, und notieren Sie, welche Konzepte Sie innerhalb von 72 Stunden umsetzen können. Schreiben Sie auf, was Sie wirklich tun wollen.

## Weshalb sollen wir eigentlich über Geld reden?

Ich glaube, daß wir alle etwas bewirken wollen, daß wir alle die Welt zum Besseren wenden wollen. Auch mein Wunsch ist es, etwas zu bewegen. Ich persönlich möchte das Schulsystem verändern.

Glauben Sie, daß wir ein perfektes Schulsystem haben? Ich denke, daß es wohl nicht so schlecht ist, wie oft behauptet wird. Ich glaube auch nicht, daß die Unzulänglichkeiten an den Lehrern liegen. Ich meine aber, daß das System verändert werden muß! Wir brauchen neue Fächer. Es ist zwar richtig, wenn wir unseren Kindern sagen: Du lernst nicht für die Schule, sondern für das Leben! Aber sie glauben es uns nicht mehr, weil es in vielen Bereichen ganz einfach an Fächern mangelt, die wirklich auf das Leben vorbereiten! Was wären solche Fächer? Ich denke dabei an „Kommunikation" oder an ein Fach, das den Umgang mit Erfolg thematisiert. Selbständiges Arbeiten, Ethik, Moral – es gibt eine Vielzahl von Fächern, die nötig sind. Diese Dinge müßten nicht durchgehend vom ersten bis zum zehnten Schuljahr gelehrt werden, aber sie müßten irgendwann einmal im Lehrplan erscheinen.

Wir brauchen auch das Fach „Umgang mit Geld". Stellen Sie sich vor, unsere Kinder würden lernen, daß es wichtig ist zu sparen, und dies würde sich an einer einzigen Tatsache zeigen, nämlich daß sie alle ab ihrem 18. Lebensjahr jeden Tag eine Mark sparen. Glauben Sie, daß das jeder junge Erwachsene kann, eine einzige Mark pro Tag sparen, auch wenn er in die Lehre geht? Ich denke, ein jeder könnte das, wenn er einsähe, wie wichtig es ist. Was könnte aus dieser einen Mark werden? Eine Mark am Tag bis zum 65. Lebensjahr gespart, das macht eine Sparsumme von immerhin 17.000 DM! Welche Summe würde aus diesem nach und nach gesparten Betrag hervorgehen, wenn man ihn mit etwa 12% anlegte? Eine Million DM! Wir hätten kein Rentenproblem mehr! Wenn Sie einen Zinssatz von 15% zugrunde legen, käme sogar ein Betrag von 2,6 Millionen DM zustande!

Sie sehen, eine Beschäftigung mit diesen Dingen lohnt sich.

# Grundfragen zu Ihren Finanzen

Ich möchte erreichen, daß Lernen nicht auf gewisse Fächer und auf die Schule beschränkt bleibt. Jedem Menschen sollte es bewußt sein, daß Lernen notwendig ist und auch wirklich richtig Spaß machen kann! Wenn wir es nicht rechtzeitig tun, kann Lernen allerdings auch recht schmerzvoll sein. Mein Coach jedenfalls hat mir damals einige sehr unangenehme Fragen gestellt. Beantworten Sie diese Fragen doch bitte auch einmal für sich:

1. **Wie lange können Sie von dem Geld leben, das Sie jetzt angespart haben?**

   *Wenn meine Einkommensquellen sofort versiegen würden, könnte ich von meinem Ersparten noch _____ Jahre/ Monate leben.*

Ich war damals pleite, als ich zu meinem Coach kam und antwortete: „Wollen Sie es in Tagen oder Stunden wissen?" Doch
das fand er gar nicht lustig. Aber im Ernst, fragen Sie sich einmal ehrlich, wie lange Sie leben könnten, wenn Sie ab sofort
nichts mehr verdienen würden. Wissen Sie, daß es für 85% aller
Menschen in Deutschland ein fast unüberwindbares Problem
wäre, wenn sie plötzlich eine unerwartete Rechnung von 1000
DM zu begleichen hätten?

**2. Können Sie den Tag sehen, an dem Sie von den Zinsen Ihres
Geldes leben können?**

❐  *Wenn ich so weitermache wie bisher, werde ich ab* _____
   *von den Zinsen meines Geldes leben können.*

❐  *Ich sehe diesen Tag nicht.*

Ich konnte ihn damals natürlich nicht sehen und habe zunächst
auch nicht über eine solche Frage nachgedacht. Ich glaubte, man
müßte einfach mehr verdienen. Jetzt weiß ich, mehr zu verdienen hilft überhaupt nichts. Reich ist nicht jemand, der viel verdient – reich ist, wer sein Verdientes auch behält. Reich ist jemand, der von den Zinsen seines Geldes leben kann. Das macht
Spaß!

**3. Haben Sie einen Finanzplan?**

*Mein Finanzplan lautet:* _____

_____

_____

_____

Meine Antwort damals war, daß ich natürlich keinen hätte. Mein
Coach widersprach: Jeder hat unbewußt einen Finanzplan, und

wer keinen zu haben glaubt, hat einen Armutsplan. Es ist wichtig, daß wir uns den Plan bewußt machen, wie wir mit Geld umgehen, und uns dann fragen, ob es ein geschickter Plan ist. Ein schlechter Plan muß durch einen sinnvollen ersetzt werden!

Wieviel Zeit braucht man für einen solchen Plan? Meine Empfehlung lautet: Nehmen Sie sich irgendwann einmal eine ganze Woche Zeit, um sich nur mit Ihren Finanzen zu beschäftigen. Tun Sie das nicht, werden Sie im Laufe von zwei Jahren insgesamt wesentlich mehr Zeit für diese Dinge brauchen, als wenn Sie sich anfänglich sieben Tage in aller Ruhe Gedanken gemacht hätten.

Lesen Sie Bücher über Finanzen, lesen Sie etwas über gute Anlagen, und treffen Sie dann Investitionsentscheidungen! Überarbeiten Sie Ihren Plan einmal im Jahr, und nehmen Sie sich zwischendurch pro Quartal zwei bis vier Stunden Zeit, alles zu überprüfen. Das ist für einen der fünf Lebensbereiche sicherlich nicht zu viel, vor allem, wenn Sie dann sehen, was aus Ihren Überlegungen entstehen kann und wie Sie letztlich mit Ihrem Geld freier leben können!

## 4. Verdienen Sie eigentlich genug?

❒ *ja*

❒ *nein*

Falls nein, sollten Sie das ändern. Schon bevor ich meinen Coach kennengelernt habe, wollte ich etwas in meinem Leben verändern. Mein Coach sagte, alles spiele sich im Kopf ab, aber damals wollte ich von ihm nur Techniken erfahren. Heute weiß ich, daß sich Veränderungen auf insgesamt fünf Ebenen vollziehen.

# Die fünf Ebenen zum Wohlstand

## 1. Das Handeln

Wir mögen eine Situation nicht, und auf den ersten Blick scheint uns die Lösung einfach: wir müssen handeln. Meistens reicht das Handeln allein aber nicht aus.

## 2. Die Technik

Wir wollen ein Ergebnis verbessern, und uns scheint dazu die richtige Technik die geeignete Lösung zu sein. Das Erlernen der richtigen Technik erwarten die meisten Menschen von einem Seminar oder einem Buch. Aber es gibt nicht die „Zaubertechnik", mit der plötzlich alles anders wird. Die eigentliche Entwicklung findet im Kopf statt, wirkliche Veränderungen geschehen auf einer höheren Ebene.

## 3. Die Persönlichkeitsentwicklung

Wir wollen Charisma, Anerkennung und natürliche Autorität, das Rezept dazu scheint uns die Persönlichkeitsentwicklung. Aber Entwicklung geht nicht sehr schnell, auch wenn wir im Zeitalter der Schnelligkeit leben. Die Menschen glauben, in einer Zeit, in welcher Fertigsuppen oder Fertigpudding hergestellt werden, sollte es auch eine Fertigpersönlichkeitsentwicklung geben. Doch Erleuchtung kommt nicht in einem Ein-Tages-Crashkurs zustande, sondern braucht Zeit. Aber wenn wir uns beständig mit unserer Persönlichkeit, mit anderen Menschen, mit Erfolg oder anderen Aspekten unseres Lebens befassen, dann werden wir offen für noch höhere Ebenen.

## 4. Die neue Weltsicht

Wir wollen zufriedener und glücklicher sein, und das Rezept dazu scheint eine neue Weltsicht. Wir nehmen die gleichen Dinge auf ein-

mal anders wahr, wir haben eine neue Brille, durch die wir alles sehen. Auch Geld nehmen wir dann anders wahr. Mir wurde das anhand einer Geschichte aus den USA klar:

*Ein Sprecher saß in einem Zug und fuhr zu einer Veranstaltung. Er
hatte sich nicht gut vorbereitet, und deshalb war er ziemlich nervös.
Auf einmal ging die Türe auf, und ein Vater mit drei kleinen Kindern
kam ins Abteil. Die Kinder waren ziemlich unruhig, sie turnten auf
den Sitzen und kämpften miteinander, aber der Vater schaute nur
ruhig aus dem Fenster. Die Kleinen wurden immer wilder und zogen
schließlich eine alte Frau an den Haaren – der Vater schritt immer
noch nicht ein. Der Sprecher wurde unruhig und wollte etwas unternehmen, aber als Kommunikationsexperte hielt er sich zurück. Als
ihn eines der Kinder vor das Schienbein trat, wandte er sich schließlich doch an den Vater und forderte ihn mit einigen wohlgesetzten
Worten auf, für Ruhe und Ordnung zu sorgen. Der Sprecher lehnte
sich zurück und war froh und stolz, etwas mit natürlicher Autorität
und Beherrschung unternommen zu haben.*

*Schließlich sprach ihn der Vater ganz zögerlich an: „Mein Herr, es
tut mir leid, daß meine Kinder Sie gestört haben. Wir kommen gerade aus dem Krankenhaus, wo die Mutter der Kinder gestorben ist.
Wir wissen alle noch nicht so richtig, wie wir damit umgehen sollen.
Vielleicht ist das die Art und Weise, wie meine Kinder versuchen, mit
ihren Gefühlen fertig zu werden. Es tut mir leid!"*

Was glauben Sie, wie der Sprecher sich gefühlt hat? Im ersten Moment kam er sich schlecht vor. Später erzählte er mir, daß dies eine
der wichtigsten Lehren seines Lebens gewesen sei. Er hat gelernt,
wie sehr sich eine Situation verändern kann, wenn man etwas mehr
über sie weiß, wenn man gleichsam eine andere Brille aufsetzt.

So gibt es auch in bezug auf das Geld verschiedene Brillen. Es gibt
Menschen, die meinen, Geld sei etwas Negatives. Sie sagen: Wenn
ich Geld sehe, dann sehe ich etwas, mit dessen Hilfe Waffen produziert werden, das Kriege und Kriminalität hervorruft, das mit Drogen zu tun hat usw.

Wir müssen uns klar werden, daß dies nur eine Brille ist. Es gibt auch eine etwas weniger dramatische, aber ebenfalls negative Sicht. Diese besagt: Geld produziert Feinde und Neider, Geld verdirbt den Charakter und macht unsensibel für kleine Dinge, über die man sich dann nicht mehr richtig freuen kann usw.

Aber es gibt auch eine gänzlich andere Brille. Wenn Sie diese aufsetzen, dann sehen Sie, daß man mit Geld auch Krankenhäuser bauen kann oder daß mit Geld SOS-Kinderdörfer errichtet werden. Sie sehen, daß Sie mit Geld Gutes tun können. Sie können sich und Ihrer Familie Sicherheit verschaffen, Luxus und Annehmlichkeiten ermöglichen. Sie können mit Geld Ihre Ziele verwirklichen, weil Sie nun die Mittel und die Zeit dazu haben. Sie können sich mehr um die Dinge kümmern, die Ihnen Spaß machen usw.

Beide Sichtweisen erfolgen durch eine Brille, die negative wie die positive. Ich weiß nicht sicher, was richtig oder falsch ist, und ich will mir auch nicht anmaßen, dies zu entscheiden, weil ich nicht an „richtig oder falsch" glaube. Ich unterscheide vielmehr zwischen „hilfreich" und „nicht hilfreich". Ich glaube daran, daß es etwas gibt, was uns unterstützen kann oder uns behindert.

Wenn jemand die negative Brille in bezug auf Geld aufgesetzt hat, wie sollen ihm dann Techniken helfen? Eine solche Sicht kann nichts bringen, wir werden uns immer selber sabotieren.

## 5. Visionen

Wir wollen unsere Zukunft designen und sagen uns, das Rezept dazu ist, daß wir eine neue Sicht unserer eigenen Person finden und daß wir eine Vision für uns selber haben. Die meisten Menschen haben überhaupt keinen Grund, warum sie reicher werden sollten; sie sagen, es gehe ihnen doch gut. Zwei Drittel der Weltbevölkerung würden, was die Finanzen betrifft, sofort mit uns tauschen wollen. Es scheint uns gut zu gehen – wir sind reich, weshalb sollten wir also noch vermögender werden? Warum sollten wir uns anstrengen, wenn wir nicht eine konkrete Vision oder ein Ziel haben, das wir erreichen wollen?

Wenn Sie ein Puzzle mit 1.000 Teilen zusammensetzen wollen, dann müssen Sie vorher etwas sehen. Sie müssen die Vorlage anschauen, Sie müssen das Gesamtbild vor Augen haben. Ihr Lebenspuzzle besteht nicht aus 1.000 Teilen, sondern aus Millionen Teilen. Es gibt so viele unterschiedliche Bücher, die wir lesen könnten, Zeitungsartikel und Magazine. Es gibt Menschen, die wir treffen können, Filme, die wir uns ansehen können, es gibt viele Dinge, mit denen wir uns beschäftigen könnten. Wenn wir nicht klar wissen, wie unser Bild aussieht, wie wollen wir erkennen, welche Teile Sinn machen, und warum sollten wir uns dann anstrengen?

Ich möchte Ihnen daher zwei Tips dazu geben.

▶ Bitte nehmen Sie sich zunächst Zeit, und beantworten Sie diese Fragen für jeden Bereich Ihres Lebens.

*1. Wer wollen Sie in sieben Jahren sein?*

_____

_____

_____

_____

_____

*2. Was wollen Sie in sieben Jahren tun?*

_____

_____

_____

_____

*3. Was wollen Sie in sieben Jahren haben?*

---

---

---

---

---

Wenn Sie diese Fragen ausführlich beantworten, dann bekommen Sie für sich eine ganz klare Vorlage Ihres Lebens, gleichsam das Bild Ihres Lebenspuzzles.

Nachdem Sie Ihre Antworten notiert haben, können Sie meinen ersten Tip umsetzen:

- **Tip – Traumalbum**: Nehmen Sie ein leeres Fotoalbum, und kleben Sie alles hinein, was Ihre Ziele symbolisiert. Suchen Sie sich Bilder, die ausdrücken, was Sie sein wollen, was Sie tun wollen und was Sie haben wollen. Es ist eine überraschende Erfahrung zu verfolgen, wie diese Bilder Teil Ihrer Realität werden. Die meisten Menschen glauben das nicht und denken, daß es so einfach ist, daß es nicht funktionieren kann. Es ist wirklich nicht schwer, probieren Sie es aus! Schauen Sie sich Ihr Album jeden Tag einmal kurz an! Ich kenne Menschen, die sagen: „Das kann ich doch nicht, das ist kein intelligentes Konzept." Wenn Sie das denken, funktioniert es auch wirklich nicht. Ich kenne aber auch Menschen, die es probiert haben, und diese Menschen haben dann die Dinge wirklich erreicht, die in ihrem Traumalbum standen!

- **Tip – Visualisieren**: Schließen Sie von Zeit zu Zeit Ihre Augen, und visualisieren Sie einfach. Mögen Sie es zu warten? Wenn nein, geht es Ihnen wie mir. Warten ist so ziemlich die dümmste Beschäftigung, die es gibt. Von jetzt ab brauchen Sie nicht mehr zu warten, denn Warteschlangen bieten Ihnen die Gelegenheit zu visualisieren. Sie bekommen so die Möglichkeit, sich das vorzustellen, was Sie in Ihr Leben hineinholen wollen: was Sie sein wollen, was Sie tun wollen und was Sie haben wollen.

# Die fünf Lektionen über Geld

Sie können das Wissen, das es über Geld gibt, in fünf Bereiche zusammenfassen.

1. Wie Sie Ihre **Einstellung** über Geld erkennen und verändern.

2. Wie Sie mehr **verdienen**.

3. Wie Sie **schützen**, was Sie haben.

4. Wie Sie Ihr Geld **wachsen** lassen.

5. Wie Sie Ihr Geld **genießen** und es zu einer unterstützenden Kraft in Ihrem Leben machen.

Welches ist wohl das wichtigste und das schwierigste Kapitel, das wir lernen können?

Ich denke, das erste und das fünfte Kapitel sind die schwierigsten, da dort die Technik eher eine untergeordnete Rolle spielt. In diesen Punkten geht es darum, daß wir uns wirklich verändern. Betrachten wir die Punkte nun im einzelnen.

## 1. Wie Sie Ihre *Einstellung* über Geld erkennen und verändern

Hätten Sie gerne mehr Geld? Wenn Sie heute 50 Millionen DM bekämen, glauben Sie, daß dies für Ihren Charakter und Ihren persönlichen Werdegang gut wäre? Wahrscheinlich sind Sie nicht so sicher, ob Geld wirklich etwas Gutes ist.

▶  Haben Sie einen 1.000-DM-Schein bei sich?

❐  *ja*

❐  *nein*

*Falls nein, warum nicht?* _____

_____

_____

Viele meiner Seminarteilnehmer entgegnen, sie könnten bestohlen
werden oder das Geld verlieren oder aber sie könnten in Versuchung
geraten, das Geld auszugeben. Welche Einstellung in ihrem Unterbewußtsein steckt dahinter? Es ist Mißtrauen gegen uns selbst oder
gegen andere.

Wirklich reiche Menschen tragen immer einen 1.000-DM-Schein in
ihrer Tasche. Tragen auch Sie immer einen Tausender mit sich! Sie
lernen dadurch, sich mit Geld wohl zu fühlen. Auf Dauer merken Sie
den Schein gar nicht mehr, für Sie wird Geld etwas ganz Natürliches. Gleichzeitig aber fühlen Sie sich reich, obwohl 1.000 Mark
eigentlich gar nicht einmal viel ist. Günstiger Nebeneffekt: Sie haben immer Geld bei sich für ein Schnäppchen.

Wissen Sie eigentlich, daß ein 1.000-DM-Schein auch ein schönes
Kunstobjekt ist? Das ist den meisten Menschen gar nicht bewußt.
Betrachten wir einmal einen solchen Schein.

Auf der Vorderseite sind die Gebrüder Grimm zu sehen. Die haben nicht nur die berühmten Märchen geschrieben, sondern auch das erste dreizehnbändige deutschsprachige Wörterbuch herausgegeben. Sie sind damit die Begründer der deutschen Sprachkultur.

Wenn Sie den Schein umdrehen, dann sehen Sie, daß hier ein Wörterbuch aufgeschlagen ist. Das Wort, das da benannt ist, heißt *Freiheit*. Geld ist geprägte Freiheit. Betrachten wir an der Seite ein kleines Symbol: es handelt sich um das Sterntalermädchen. Sie sehen Sterne, die herunterfallen. Sie sind Sinnbilder für unsere Träume und Visionen, die langsam zu Gold und somit zu Reichtum werden, wenn man sie aufsammelt.

**Welche Einstellung haben eigentlich reiche Menschen zum Geld?**

Sicherlich kennen Sie Dagobert Duck. Dagobert Duck ist nicht zufällig entstanden. Kennen Sie seine Entstehungsgeschichte? Die Walt Disney Corporation hat sich überlegt: Wir wollen das Image eines reichen Menschen. Sie haben die fünfhundert reichsten Amerikaner interviewt und analysiert und die Ergebnisse zusammengetragen. Danach haben sie eine Liste mit den typischen Eigenschaften des Dagobert Duck erstellt.

Was fällt Ihnen persönlich ein, wenn Sie an Dagobert Duck denken? Sicherlich wissen Sie, daß er gerne in Geld badet. Was machen die meisten Eltern, wenn sie sehen, daß ihre Kinder mit Geld spielen? Eine typische Reaktion ist die Aufforderung: „Wasch dir die Finger, Geld ist schmutzig!" Merken Sie, wie da von klein auf gewisse Dinge herangezüchtet werden, so daß wir wirklich denken: Geld ist etwas Unangenehmes!

Die andere Ansicht lautet: „Über Geld spricht man nicht!" Über Schulden wird zwar geredet, aber über Geld spricht man nicht. Es gibt Gegenden in Deutschland, da wird den Kindern gesagt: „Wenn du als Pfennig auf die Welt kommst, dann wirst du nie eine Mark!" Das sind böse Dinge, die man schon als kleines Kind über Geld gesagt bekommt. Es wäre viel sinnvoller zu lernen, daß Geld etwas Schönes ist!

Ich habe meinen Hund „Money" genannt. Können Sie sich denken, warum? Nun, wenn ich „Money, Money" rufe, dann kommt er, und ich habe daran meinen Spaß!

● **Tip**: Sie sollten einfach drei Dinge tun, wenn Sie Ihre Einstellung zu Geld verbessern wollen:

1.  Sie nehmen den besagten Tausender in die Tasche! Auch wenn Sie dies etwas merkwürdig finden, versuchen Sie es einfach.

2.  Mieten Sie sich einen Safe, und legen Sie Bargeld hinein. Alle Reichen machen das. Spielen Sie von Zeit zu Zeit mit dem Geld, auch wenn Sie sich dabei am Anfang etwas komisch vorkommen sollten. Es sieht schließlich keiner, Sie sind ja alleine.

3.  Überlegen Sie, wie Ihre Glaubenssätze in bezug auf Geld lauten, und überlegen Sie, ob diese wirklich hilfreich sind.

*Meine Glaubenssätze:* _____

_____

_____

_____

## 2. Wie Sie mehr *verdienen*

Fragen Sie sich doch zunächst bitte selbst:

▶ Was glauben Sie, ist das zentrale Fundament, um mehr zu verdienen? Welche Eigenschaft benötigen Sie, um mehr zu verdienen?

*Um erfolgreich zu sein und mehr Geld zu verdienen, muß man*

_____ *sein.*

Ich möchte dazu zwei Dinge anmerken:

### 1. Ihr Selbstwertgefühl ist wichtig!

Sicherlich haben Sie schon einiges über Persönlichkeitsentwicklung gelesen und sind dabei auf die Frage gestoßen, wie man erfolgreicher wird. Ich habe allerdings nie eine sinnvolle Antwort dazu gefunden. Ich habe zwar viel über Ausdauer, Disziplin und Lernwilligkeit gelesen. Sie brauchen aber gar nicht ausdauernd oder diszipliniert zu sein, wenn es sich nicht lohnt. Das Eigentliche und das Zentrale, worauf es ankommt, ist doch das Selbstwertgefühl. Es ist nicht so wichtig, wie wertvoll wir sind, sondern für wie wertvoll wir uns halten! Das ist fatal, denn viele Menschen sind zwar äußerlich selbstbewußt, aber nach innen hin überhaupt nicht! Wie kommt das? Wenn Sie als Kind zwölf Jahre alt sind, haben Sie auf jedes Ja, das zu Ihnen gesagt wurde, im Schnitt siebzehnmal ein Nein zu hören bekommen. Ein äußerst ungesundes Verhältnis! Medienverteter bestätigen mir immer wieder, daß rund 85% aller Meldungen negativ sind. Wir haben die Tendenz, elfmal so lange und elfmal so stark etwas zu behalten, was negativ ist, als etwas Positives.

Wir haben ein viel zu schlechtes Bild über uns selber. Es klingt zwar nicht spektakulär, aber einer meiner besten Tips für Sie ist folgender:

● **Tip – Erfolgsjournal**: Nehmen Sie ein Heft, nennen Sie es Ihr *Erfolgsjournal,* und schreiben Sie im Laufe eines Tages alles hinein, was Ihnen gelungen ist, mindestens fünf Dinge pro Tag. Es

können auch kleine Sachen sein: wenn Sie jemanden zum Lachen gebracht haben, wenn Ihnen jemand ein Kompliment gemacht hat, wenn Sie jemanden glücklich gemacht haben, wenn
Sie ein Projekt zu Ende gebracht haben, wenn Sie diszipliniert
gearbeitet haben, wenn Sie etwas Neues begonnen haben – schreiben Sie alles hinein. Ich kann Ihnen eines versprechen: Nach
vier oder acht Wochen werden Sie noch keine Veränderung bemer-
ken, aber nach drei Monaten werden Sie 20% mehr verdienen.
Auch wenn es Ihnen zunächst unglaublich erscheint, probieren
Sie es aus, und ich sage Ihnen, daß Sie Erfolg haben werden! Sie
werden sich wundern, was passiert. Ich habe viele Menschen in
meinen Seminaren erlebt, die skeptisch waren und es dennoch
versucht haben – mit Erfolg. Auch ich habe meinen Verdienst
innerhalb von zweieinhalb Jahren fünfmal verdoppelt!

Dafür gab es zwei Hauptgründe: der eine war mein Coach, und
der zweite war mein Erfolgsjournal, mit dem ich mich jeden Tag
auseinandergesetzt habe.

## 2. Tun Sie, was Sie lieben

Nehmen Sie Ihr liebstes Hobby, und wickeln Sie eine Karriere darum. Tun Sie etwas, was Sie lieben, auch wenn Sie Rechnungen zu
bezahlen haben oder Ihre Familie versorgen müssen oder sonstige
Verpflichtungen haben. Es ist schwierig, aber es geht! Dazu eine kleine
Geschichte:

*Es treffen sich zwei Katzen. Da sagt die eine Katze: „Du, ich war auf
der Katzen-Philosophieschule, und da habe ich zwei ganz wichtige
Dinge gelernt. Erstens: Für uns Katzen ist das Wichtigste Glück.
Und zweitens: Glück ist in unserem Schwanz verborgen. Immer wenn
ich nun meinem Schwanz hinterherjage, komme ich meinem Glück
etwas näher. "*

*Da sagt die zweite Katze: „Ich war zwar nicht auf der Schule und ich
bin nicht so schlau wie du, aber du hast recht. Glück ist für uns das
Wichtigste, und Glück ist bei uns im Schwanz verborgen. Aber ich*

*habe bemerkt: Wenn ich etwas tue, was ich liebe, dann folgt mir mein Glück automatisch nach.*"

Es fehlt uns oft der Mut, und was ist die Ursache? Fehlendes Selbstvertrauen! Erst muß etwas Schlimmes passieren. Stellen Sie sich vor, Sie stehen auf einem Felsen und springen immer wieder acht Meter tief ins Wasser. Nach dem 13. oder 14. Sprung fallen Sie so ungünstig hinein, daß sich Ihr Kopf verdreht und Ihr Rückgrat bricht. Sie werden gelähmt sein und lange brauchen, bis Sie nur wieder Ihre Finger bewegen können. Es ist alles taub. Glauben Sie, daß sich dann etwas verändert, weil es sich verändern muß?

*Ein Bekannter von mir lag nach einem Unfall schwerverletzt im Krankenhaus und sah nur noch zwei Möglichkeiten: aufgeben oder sich intelligente Fragen stellen. Er entschied sich für letzteres und überlegte, was wohl an seinem Unfall gut war. Er fand zunächst drei Tage keine Antwort; dann fand er eine erste, dann noch eine und immer mehr. Schließlich saß er in seinem Bett und lächelte. Die Krankenschwester, die das sah, war beeindruckt von seiner Stärke und verliebte sich in ihn.*

*Heute sind die beiden glücklich verheiratet und haben ein Kind miteinander. Er kann auch wieder Sport treiben und spielt Rollstuhlrugby. Er sagt heute, daß es nichts Schöneres gebe, als wenn sein Rollstuhl mit einem anderen zusammenstieße und er in hohem Bogen hinausgeschleudert werde. Der Vorteil sei, daß ihm nichts mehr wehtun könne!*

Sollten wir nicht den Mut haben, Entscheidungen und Veränderungen durchzuführen, bevor eine Katastrophe passiert? Brauchen wir wirklich Katastrophen, um uns zu verändern? Oder sollten wir nicht besser an unserem Selbstbewußtsein arbeiten und uns sagen: Das Leben ist doch viel zu kurz, um unbedeutend zu sein. Die Menschen, die immer noch meinen, es sich nicht leisten zu können, ihrem liebsten Hobby nachzugehen, kann ich nur sagen: Sie können es sich vielmehr nicht leisten, etwas zu tun, was Sie nicht wirklich lieben!

## 3. Wie Sie *schützen*, was Sie haben

Vor wem müssen Sie Ihr Geld beschützen? Nicht vor dem Finanzamt, sondern in erster Linie vor uns selbst müssen wir schützen, was wir haben. So habgierig, wie wir sind, kann kein Finanzamt sein. Nicht, was Sie verdienen, macht Sie reich, sondern was Sie behalten! Sind Sie unzufrieden mit Ihrem Sparverhalten? Die meisten Menschen denken, das, was am Monatsende übrig bleibt, wird gespart.

Wofür geben Sie im Laufe eines Monats Ihr Geld aus? Wahrscheinlich für Miete, für Ihr Auto, für Lebensmittel, für Ihren Urlaub, für Versicherungen, für die Ausbildung und ganz einfach für Ihren Spaß. Auf diese Weise kann man nicht zu Geld kommen! Was sollen wir also machen? Wann sollen wir sparen? Schon am Anfang eines Monats! Haben Sie keine Angst vor dem Wort *sparen*. Nennen wir es lieber *uns selbst bezahlen*. Wenn Sie zum Bäcker gehen, dann bezahlen Sie ihn, wenn Sie sich ein Auto kaufen, bezahlen Sie den Händler. Wann bezahlen wir uns selbst? Dann, wenn wir sparen! Bezahlen Sie sich also selbst! Das hat Sinn und macht Spaß!

Stellen Sie sich zwei Fragen:

1. Wenn *Sie* sich nicht bezahlen, wer soll es dann machen?

2. Wenn Sie es nicht *als erstes* tun, wann wollen Sie es dann tun?

Mein Coach hat immer gesagt: Jemand, der sein Geld nicht festhalten kann, ist nicht qualifiziert, reich zu werden.

Vielleicht haben Sie folgenden Satz irgendwo in Ihrem Leben einmal gesehen: Das, was Sie Ihre notwendigen Ausgaben nennen, wird immer wachsen bis zum Grad Ihres jeweiligen Einkommens. Ist Ihnen das schon einmal aufgefallen? Haben wir nicht alle schon einmal weniger verdient, und war unser Lebensstandard nicht schon einmal niedriger?

● Mein **Tip**: Sparen Sie 50% von jeder Gehaltserhöhung! Bevor Ihr Ausgabenniveau mitsteigt, können Sie 50% sparen. Stellen Sie sich vor, Sie hätten diesen Rat schon immer befolgt. An der Vergangenheit können Sie nichts mehr ändern, aber an der Zukunft können Sie es! Wenn Sie etwas ändern wollen, schreiben Sie es auf Ihr Aktionsblatt, es geht darum, die Dinge auch wirklich zu *tun*.

● Ein zweiter **Tip**, den ich Ihnen ans Herz legen möchte, ist das *Drei-Konten-Modell*.

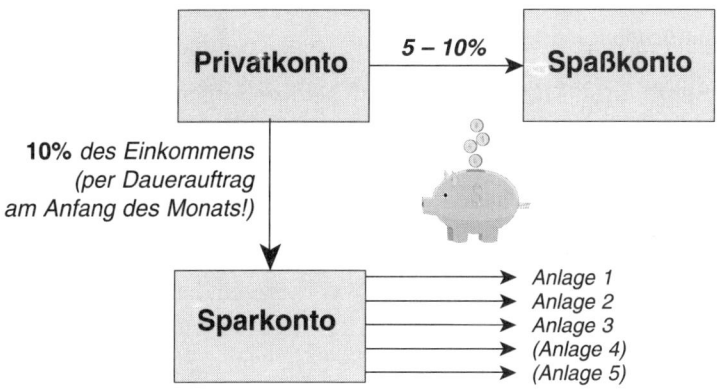

Das **Dreikontenmodell**: Zweigen Sie regelmäßig Geld von Ihrem Privatkonto ab, und überweisen Sie es – per Dauerauftrag – auf ein Sparkonto und auf ein Spaßkonto

Die meisten Menschen haben ein Privatkonto, und von diesem bezahlen sie dann ihre Investitionen. Das ist eine schlechte Gewohnheit. Sie haben dann nämlich keinen Überblick und keine Disziplin.

▶ Eröffnen Sie besser ein zweites Konto, ein *Sparkonto*. Überweisen Sie per Dauerauftrag 10% vom Privatkonto auf das Sparkonto. Welche Vorteile hat das?

   1.  Sie werden zur Disziplin gezwungen. Sparen geschieht einfach spielerisch.

2. Sie können ganz transparent sehen, wieviel Sie sparen.

3. Sie können hochrechnen und besser planen.

4. Wenn Sie von Ihren Investitionen etwas verkaufen, so haben Sie wieder Geld. Wenn dies alles direkt von Ihrem Privatkonto aus geschähe, würden Sie schnell den Überblick und Ihre Disziplin verlieren.

Es gibt natürlich Menschen, die sagen: „Ich lebe doch heute. Ich will Spaß haben, ich will heute mein Geld ausgeben und mein Leben genießen!" Ich antworte dann immer: „Wenn Sie Pech haben, dann leben Sie auch morgen noch!" Dafür sollten Sie dann natürlich auch vorsorgen.

▶ **Spaßkonto**: Machen Sie einfach beides. Sorgen Sie vor, und haben Sie Spaß. Eröffnen Sie noch ein Spaßkonto. Nehmen Sie 5 bis 10% von Ihrem Privatkonto und überweisen Sie sie auf Ihr Spaßkonto. Dann haben Sie die heilige Pflicht, dieses Geld auch wirklich zu verprassen.

Wenn Sie diese Aufteilung nicht vornehmen, leben Sie immer in einem inneren Konflikt. Jede Mark steht in Konkurrenz zu sich selbst. Wenn Sie die Mark ausgeben, sagen Sie zu sich selbst: „Die hätte ich aber auch sparen können!" Wenn Sie die Mark sparen, sagen Sie zu sich selbst: „Die hätte ich aber auch ausgeben können, dann hätte ich mehr Spaß gehabt!" Durch die Einrichtung eines Spar- und eines Spaßkontos entfällt dieser Konflikt. Wenn Ihnen dieses Modell gefällt, schreiben Sie es auf Ihr Aktionsblatt, und richten Sie die Konten ein, am besten gleich morgen!

Bei jeder guten Bank erhalten Sie die beiden Unterkonten übrigens kostenlos.

▶ **Sparschwein**: Und noch ein Ratschlag für Menschen mit Träumen: Haben Sie einen Wunsch, den Sie gerne verwirklichen würden, für den Ihnen aber eine große Ausgabe von Ihrem Gesparten zu schade ist, dann stellen Sie sich ein Sparschwein auf.

Kleben Sie ein Bild mit Ihrem Wunsch darauf, und füllen Sie es jeden Abend mit Ihrem Kleingeld. Es ist ein ganz banaler Tip, aber Sie werden sich wundern, wie schnell Ihnen ohne viel Aufwand und Mühe die Verwirklichung Ihrer Wünsche und Träume gelingt.

# 4. Wie Sie Ihr Geld *wachsen* lassen

Angenommen, Sie würden jeden Monat 1.000 DM sparen. Dabei sollten Sie eine wichtige Grundregel beachten: Streuen Sie Ihr Risiko! Ich empfehle Ihnen fünf verschiedene Anlagen. Welche Summe hätten Sie also bei Beachtung der Risikostreuung nach 20 Jahren?

● **Sparbeispiel Zinssätze**

*Wenn Sie 1.000 DM monatlich sparen und anlegen würden, z.B. 5 x 200 Mark in verschiedene Anlagen mit unterschiedlichen Zinssätzen, dann hätten Sie nach 20 Jahren:*

$$200 \, DM \quad x \quad 10\% \quad = \quad 144.320 \, DM$$

$$200 \, DM \quad x \quad 12\% \quad = \quad 183.300 \, DM$$

$$200 \, DM \quad x \quad 14\% \quad = \quad 233.752 \, DM$$

$$200 \, DM \quad x \quad 16\% \quad = \quad 299.064 \, DM$$

$$200 \, DM \quad x \quad 20\% \quad = \quad 621.930 \, DM$$

Die Zinssätze zwischen 10 und 20% sind durchaus repräsentativ und realistisch. Sie hätten also nach 20 Jahren beinahe 1,5 Millionen DM zusammengespart!

Mir begegnet immer wieder der Einwand, daß man momentan gar kein Geld hat, das man sparen kann. Doch ich meine, jeder Mensch hat Bereiche, wo er Geld sparen kann. Nehmen wir das Beispiel eines Rauchers:

● **Sparbeispiel Rauchen**:

*Stellen Sie sich vor, ein Kettenraucher würde jeden Tag ein Päckchen Zigaretten (5 Mark) einsparen, und das vom 18. bis zum 65. Lebensjahr. Das ergibt eine Summe von*

*1.825 DM pro Jahr  =>  85.775 DM nach 47 Jahren.*

*Vom 18. bis zum 65. Lebensjahr hat der durchschnittliche Raucher also rund 85.000 DM für Zigaretten ausgegeben.*

*Schätzen Sie einmal, was wäre aus dem Geld geworden, wenn der Raucher es angelegt hätte?*

*Verzinst mit 14% =* _____

*Verzinst mit 15% =* _____

*Bei einem Zinssatz von 14% hätte er 9 Millionen DM gespart. Bei 15% wären es sogar 13,4 Millionen DM gewesen, die der Raucher erhalten hätte. Rauchen ist also sehr teuer!*

▶ Auch Sie können Geld sparen. Überlegen Sie einmal, welche Bereiche für Sie in Frage kommen:

*Wo könnte ich einsparen, ohne mich zu sehr einzuschränken?*

_____        _____

                                                           *DM*

_____        _____

_____        _____

_____        _____

_____        _____

_____        _____

_____        _____

*Insgesamt monatliche Ersparnis:*              *DM*

Sie sollten diese Überlegungen ruhig einmal pro Jahr wiederholen. Es lohnt sich.

Ich möchte Ihnen nun zwei Finanzpläne vorstellen:

# 1. Plan: Finanzieller Schutz

▶ *Wieviel Geld bräuchte ich pro Monat, wenn meine jetzige(n) Einkommensquelle(n) versiegen würde(n)?*

*Meine monatlichen Kosten:*

_____ _____ *DM*

_____ _____

_____ _____

_____ _____

_____ _____

_____ _____

_____ _____

_____ _____

*Insgesamt monatliche Kosten:* | *DM* |

▶ *Bitte multiplizieren Sie die Kosten mit 6:*

*6 x* | *DM* | = | *DM* |

    *monatliche Kosten*     *finanzieller Schutz*

Wenn Sie Ihre monatlichen Kosten mit sechs multiplizieren, haben Sie die Summe des Geldes, das Sie benötigen, um ein halbes Jahr zu leben. Das ist Ihr *finanzieller Mindestschutz.*

Möglicherweise besitzen Sie das Geld, das Sie für Ihren finanziellen Schutz benötigen, aber vielleicht ist es für Sie nicht verfügbar.

● Mein **Tip** lautet: Sparen Sie diesen Betrag, und achten Sie darauf, daß er jederzeit verfügbar ist und geheim bleibt. Am besten mieten Sie sich einen Safe und legen das Geld dort hinein. Sie können das Geld dann natürlich auch zum besagten Spielen nutzen, um Ihre Hemmungen im Umgang mit Geld abzubauen!

Dieser Plan hat mehrere Vorteile:

1. Sie fühlen sich sicher und geschützt, auch wenn Ihnen nichts passiert.
2. Ihr Selbstwertgefühl wird gestärkt.
3. Sie legen damit den Grundstock zu Ihrem Wohlstand.

Er hat aber einen Nachteil: Sollte Ihnen etwas passieren, ist das Geld am Ende der sechs Monate verbraucht.

## 2. Plan: Finanzielle Sicherheit

Zunächst möchte ich Ihnen eine Geschichte erzählen:

*Es war einmal eine Gans, die legte eines Tages ein goldenes Ei. Als der Bauer des Morgens in den Stall kam, entdeckte er das Ei und bestaunte es von allen Seiten. Schließlich nahm er es und brachte es zu einem Goldschmied. Der bestätigte ihm, daß das Ei aus purem Gold sei. So verkaufte der Bauer das goldene Ei und besorgte von dem Geld Geschenke für die ganze Familie. Am nächsten Morgen hatte die Gans wieder ein goldenes Ei gelegt und von nun an jeden Morgen. Jeden Tag machte der Bauer seiner Familie einige Geschenke. Aber in seinem Herzen war er habgierig und dachte bei sich: „Warum sagt die dumme Gans mir nicht, wie man goldene Eier legt, dann würde ich es selber versuchen. Warum ist das Tier dazu noch so faul und legt nicht mehr Eier?" Und er steigerte sich derart in seine Wut hinein, daß er schließlich in den Stall lief und das Tier erstach. Nun hatte er keine goldenen Eier mehr. Und die Moral von der Geschicht': Töte deine Gänse nicht!*

Wofür steht nun die Gans in der Geschichte? Sie entspricht Ihrem Kapital. Die goldenen Eier sind Symbole für Ihre Zinsen. Die meisten Menschen züchten solch eine Gans. Das kleine Küken wächst auch prächtig heran, aber bevor es goldene Eier legen kann, schlagen diese Menschen das Tier tot und fahren mit dem Geld in Urlaub.

Statt dessen sollten Sie eine Gans züchten, von deren goldenen Eiern Sie leben können! Dazu ein zweiter Plan, den wir *finanzielle Sicherheit* nennen wollen:

- **Formel:** monatliche Kosten x 150 = Gans-Geld

▶ *Bitte rechnen Sie:*

| | | |
|---|---|---|
| _____ DM | *x 150 =* | _____ DM |
| *monatliche Kosten* | | *Gans-Geld* |

**Formel:** Gans-Geld mit 8% pro Jahr (netto) angelegt, ergibt den Betrag, den Sie monatlich benötigen

Wie sollten Sie Ihr Geld anlegen, daß der Plan funktioniert? Mindestens 12% Zinsen sollten Sie erhalten. Wo erhalten Sie diesen Prozentsatz? Natürlich an der Börse. Die Indexe haben seit dem Krieg im Schnitt 12 bis 13% Gewinn gemacht. Man braucht sich daher keine Sorgen zu machen. Aber viele Menschen wollen nicht gerne mit Aktien handeln, wofür es mehrere Gründe gibt:

1. Man braucht Zeit. Im Schnitt sollte man eine Stunde am Tag damit verbringen.
2. Man braucht Geld. Bei kleinen Summen lohnen sich keine Aktiengeschäfte.
3. Man braucht Nerven.
4. Man muß Spaß an solchen Geschäften haben.

Wenn Sie das Flugzeug zum Geld, die Aktien, benutzen wollen, aber nicht über das nötige Geld, die Zeit und die Nerven verfügen, dann schalten Sie einfach auf Autopilot, das heißt, investieren Sie in einen Aktienfonds. Die großen Fonds haben alle eine Rendite von 12 bis 15% oder auch mehr im Jahr.

Scheinen Ihnen solche Investitionen zu gefährlich, weil es sich ja trotzdem um Aktien handelt?

Hören Sie auf einige Worte des US-Volkswirts Irwin Fisher:

*Die Aktienkurse haben etwas erreicht, das als dauerhaft hohes Plateau bezeichnet werden kann.*

*Rückschläge auf dem Aktienmarkt waren in den vergangenen Jahren immer gute Einstiegspunkte.*

*Selbst Leitzinserhöhungen und Mahnungen von Regierungsstellen konnten die Stimmung nicht eintrüben.*

*Wieso auch? Die Wirtschaft befindet sich in einer neuen Ära mit andauerndem Wachstum bei hoher Preisstabilität und die Hausse wird von einem gewaltigen Liquiditätsstrom genährt.*

*Längst haben die Anleger die Vorzüge von Aktien erkannt. Wagemutige spekulieren im großen Stil auf Kredit.*

*Konservative Börsianer pumpen, um für das Alter und die Kinder vorzusorgen, größere Summen in Aktienfonds und Sparpläne.*

*Immerhin werfen Dividendenpapiere durch die kräftigen Kurssteigerungen eine satte Rendite ab – zumindest langfristig.*

Würden Sie sagen, diese Sätze beschreiben die gegenwärtige Situation gut? Nun, diese Ausführungen hat Fisher bereits im Jahre 1929 niedergeschrieben. Wissen Sie, was 1929 geschah? Es kam zur großen Weltwirtschaftskrise. Die Äußerungen machte Fisher drei Wochen vor dem großen Börsenkrach.

Der Dow Jones, also der amerikanische Aktienindex, fiel von über 400 Zählern auf unter 40! Das entsprach einem Verlust von 90%! Hätten Sie also 500.000 Dollar angelegt, so wären Ihnen nach dem

Kurssturz nur noch 50.000 Dollar verblieben. Für gewöhnlich denkt der Börsianer, daß sich die Kurse nach einem Einbruch auch wieder erholen. Aber damals ging das nicht so schnell, es dauerte insgesamt 26 Jahre, bis der Dow Jones wieder einen Stand von 400 Punkten erreicht hatte. Ich möchte Ihnen keine Angst machen, und ich glaube auch nicht, daß sich so etwas wiederholt. Aber ich möchte Ihnen etwas zeigen:

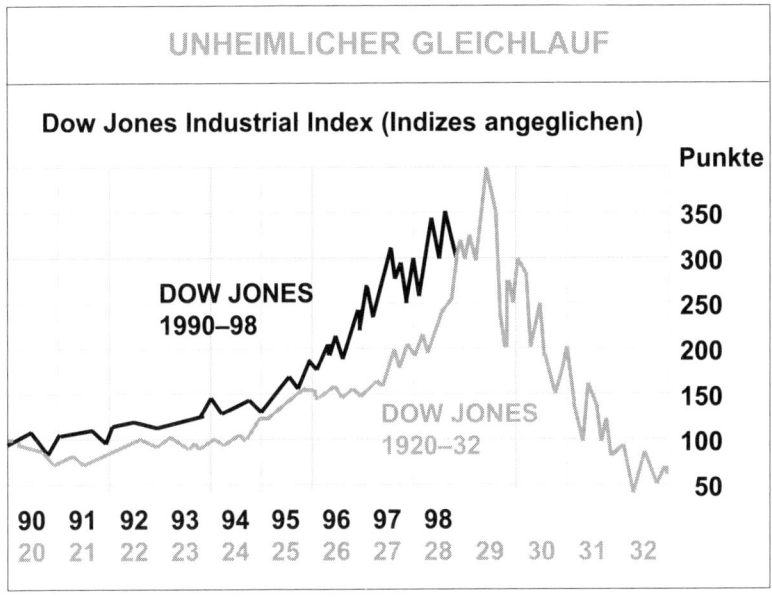

Quelle: Datastream/Martin

Die beiden Kurven ähneln sich zwar beängstigend, aber ich glaube an keine Wiederholung.

Falls Sie dennoch ängstlich sein sollten, biete ich Ihnen eine Strategie an. Denn wenn es krachen sollte, dann müßten Sie sicher sein, daß Ihnen mit Ihren Aktienfonds nichts passieren kann:

**Die *ODER*-Strategie**

Wenn Sie nicht genau wissen, ob es nach oben oder unten geht, dann müssen Sie sich nach beiden Seiten hin absichern, daher die ODER-Strategie.

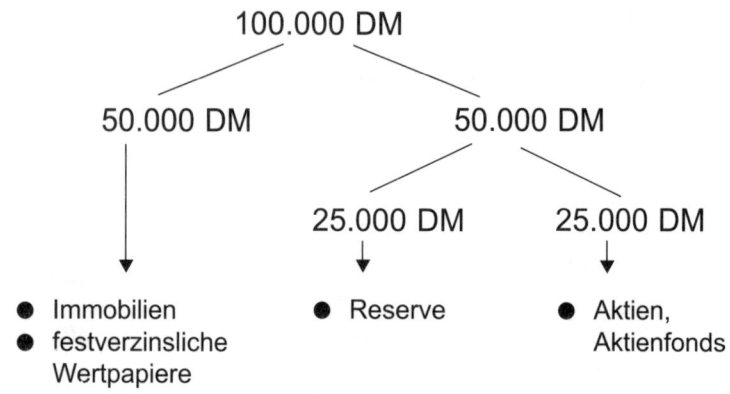

Haben Sie 100.000 DM anzulegen, teilen Sie diese in zweimal 50.000 DM auf:

Die ersten 50.000 DM investieren Sie in Immobilien und festverzinsliche Wertpapiere, dann bleibt Ihnen dieses Geld sicher.

Die zweiten 50.000 DM investieren Sie direkt in Aktien oder zumindest in Aktienfonds. Dabei legen Sie zunächst nur die Hälfte, also 25.000 DM an. Wenn die Kurse nun nach oben gehen sollten und Sie hätten nicht investiert, dann würden Sie sich schwarz ärgern. Falls die Kurse aber nach unten gehen, investieren Sie Ihre Reserve von nochmals 25.000 DM in die dann verbilligten Werte.

● Dazu ein **Beispiel**:

*Hätten Sie in der großen Weltwirtschaftskrise 1929 zu einem ungünstigen Zeitpunkt, also etwa bei einem Dow Jones von 300*

*Punkten, mit 50% Ihres Geldes eingekauft und dann später mit den verbliebenen 50% bei einem tiefen Stand von vielleicht 100 Punkten (den Tiefststand von 40 Punkten zu erwischen, ist äußerst unwahrscheinlich), dann hätten Sie trotz der Krise innerhalb von zwei Jahren einen Gewinn von 50% gemacht!*

Sie brauchen also keine Angst zu haben, wenn Sie Ihr Geld aufteilen. Setzen Sie nicht alles auf eine Aktie oder auf einen Fonds, sondern splitten Sie auch hier, am besten in fünf verschiedene Anlagen. Wenn Sie dies machen, kann Ihnen absolut nichts passieren!

Beachten Sie jedoch: Sie brauchen auf jeden Fall eine Rendite von 12%, schon wegen der Inflation.

● Dazu ein **Zahlenbeispiel**:

*Wenn Sie heute 40 Jahre alt wären und mit 65 Jahren gerne eine Kaufkraft pro Monat zur Verfügung haben würden, die etwa heutigen 6.000 DM entspricht, so benötigen Sie in 25 Jahren immerhin 15.000 DM pro Monat. Mit 75 Jahren bräuchten Sie 22.000 DM und mit 85 Jahren 33.000 DM. Sie sehen, hohe Zinsen sind absolut notwendig!*

Sie kommen also mit festverzinslichen Papieren einfach nicht weiter, Sie treten auf der Stelle. Die Inflation frißt Ihnen Ihr Vermögen weg.

# Risikostreuung

● **Beispiel 1**:

*Sie legen 10.000 DM 30 Jahre lang an mit einem Zinssatz von 7%. Dann erhalten Sie nach 30 Jahren 76.122 DM.*

*10.000 DM x 30 Jahre / 7% = 76.122 DM*

Sie sehen, eine solche Verzinsung lohnt sich einfach nicht. Teilen Sie das Geld lieber auf:

● **Beispiel 2**:

> *Sie teilen 10.000 DM auf vier verschiedene Anlagen auf, jeweils 2.500 DM. Nehmen wir einmal den höchst unwahrscheinlichen Fall an, daß Sie mit drei Anlagen Totalverlust erleiden. Die vierte Anlage dagegen bringt Ihnen 16 %.*
>
> *Wieviel Geld erhalten Sie dann nach 30 Jahren?*

$$2.\cancel{500\ DM} + 2.\cancel{500\ DM} + 2.\cancel{500\ DM} + 2.500\ DM$$

$$16\% = \text{\underline{\hspace{4cm}}}$$

> *Im zweiten Beispiel erhalten Sie 214.000 DM, also dreimal soviel, als hätten Sie das Geld in nur eine Anlage mit 7% investiert.*

● Streuen lohnt sich also, und das vor allem aus zwei Gründen:

1. Sie vermeiden Totalverlust.
2. Sie erhöhen die Chance auf den Jackpot.

Etwas Optimismus ist dabei natürlich nötig. Dazu eine kleine Geschichte:

*Von Brooklyn nach Manhattan sollte ein Tunnel gebaut werden. Verschiedene Unternehmer gaben ihre Kostenvoranschläge ab, die sich alle in etwa glichen. Nur ein Unternehmer bot einen Preis an, der lediglich halb so hoch war wie der seiner Konkurrenten. Darauf wurde er vom städtischen Baurat eingeladen und nach den Gründen für sein preiswertes Angebot gefragt. Er antwortete: „Wir haben nicht den riesigen Maschinenpark wie die anderen Bewerber. Wir haben auch nicht soviel Personal, wir sind ein Familienbetrieb. Mein Bruder Tom fängt in Brooklyn an zu graben, und ich beginne in Manhattan. In der Mitte werden wir uns dann treffen, und Sie haben Ihren Tunnel." Da fragte der Baustadtrat: „Und was machen Sie, wenn Sie einander verfehlen?" Der Unternehmer antwortete darauf: „Dann haben Sie Glück gehabt und erhalten für Ihr Geld gleich zwei Tunnel!"*

Wir brauchen also etwas Optimismus! Wenn die ganze Weltwirtschaft zusammenbricht, dann helfen meine Tips natürlich nicht. Aber es ist sicherlich keine gute Strategie, sich ein ganzes Leben auf einen solchen Zusammenbruch vorzubereiten.

Sparen Sie sich lieber reich, dazu noch ein Beispiel:

● **Beispiel langfristiges Anlegen**:

*Wenn Sie 300.000 DM anlegen, welche Summe erhalten Sie nach 25 Jahren?*

*Bei einem Zinssatz von ...*

*... 12%     =     5.100.009 DM*

*... 15%     =     9.875.686 DM*

*... 21%     =     35.217.256 DM*

*Und welche Summe erhalten Sie bei 21% nach 35 Jahren?*

---

*

*(\* Die Lösung finden Sie auf der nächsten Seite unten.)*

Sie glauben, daß Sie keine 35 Jahre mehr leben?

*Ich habe in Palm Springs in Kalifornien einen Mann mit dem Namen Scott kennengelert, der war 104 Jahre alt. Er hatte gerade eine 60jährige geheiratet. Sein bester Freund, der zugleich sein Arzt war, sagte zu ihm: „Du, Scott, ich muß mal ganz ernsthaft mit dir reden. Gewisse körperliche Aktivitäten sind in einem gewissen Alter gefährlich." „Das mußt du mir erklären", sagte Scott. „Na ja", zögerte der Arzt, „wenn ihr miteinander ins Bett geht ..." „Ja und?" fragte Scott. Der Arzt druckste herum und sagte: „Ja, wenn ihr dann miteinander schlaft ..." Scott antwortete: „Ich will dir mal sagen, wie ich das Ganze sehe: Wenn sie stirbt, dann stirbt sie halt!"*

Luther wurde einmal gefragt: „Wenn du morgen stürbest, was würdest du heute machen?" Er antwortete: „Ich würde heute noch ein Apfelbäumchen pflanzen!"

Ich weiß nicht, wie lange Sie leben. Keiner von uns lebt ewig, aber jeder sollte so tun, als ob er immer weiterleben würde. Investieren Sie so, als lebten Sie ewig! Setzen Sie sich doch kein künstliches Limit! Lassen Sie Ihre Gans wachsen, und leben Sie von den goldenen Eiern! Es macht keinen Sinn, sich nach oben zu beschneiden, indem man sagt: „An diesem Tag enthaupte ich meine Gans." Das ist nicht nötig!

## 5. Wie Sie Ihr Geld *genießen* und es zu einer unterstützenden Kraft in Ihrem Leben wird

Wir fristen unseren Lebensunterhalt durch das Geld, das wir bekommen; aber durch das Geld, das wir weitergeben, machen wir aus unserem Leben ein Meisterwerk.

Wenn man viel besitzt, hat man auch eine große Verantwortung. Wenn wir dieser Verantwortung gerecht werden, dann werden wir auch mit unserem Geld glücklicher sein. Wir werden uns wohler fühlen und das Geld mehr genießen. Denken Sie also darüber nach, wen Sie mit Ihrem Geld unterstützen möchten, und spenden Sie regelmäßig.

*Ein Augenoptiker hat mich einmal gefragt, ob ich mir vorstellen könne, was eine Augenoperation in Afrika koste, die einen grauen Star heilt, so daß ein Blinder wieder sehen kann. Ich schätzte die Kosten auf einige tausend DM. Aber es waren nur 15 DM! Ein solch kleiner Betrag entscheidet wenige Flugstunden von hier darüber, ob ein Mensch sehen kann oder nicht!*

Sehen Sie, was 15 DM wert sein können und was sie für uns manchmal nur wert sind. Geld hat viel Wert!

---

\* Lösung von Seite 139: Bei einem Zinssatz von 21% erhalten Sie nach 35 Jahren 236.000.000 (236 Millionen) DM. Hätten Sie das gedacht?

## Zusammenfassung:

1. Tragen Sie immer einen 1.000-DM-Schein bei sich.

2. Mieten Sie sich einen Safe, und spielen Sie mit Ihrem Geld.

3. Sparen Sie 10% Ihres Einkommens am Anfang jeden Monats.

4. Führen Sie ein Erfolgsjournal.

5. Sorgen Sie dafür, daß Sie pro Jahr 20% mehr verdienen.

6. Legen Sie 50% von jeder Gehaltserhöhung weg.

7. Züchten Sie Ihre Gans, indem Sie Ihr Geld für 12% anlegen.

8. Beschäftigen Sie sich mehr mit dem Thema „Finanzen", um Ihre Träume zu erreichen.

9. Spenden Sie Geld.

10. Wenn Sie etwas tun wollen, so beginnen Sie innerhalb von 72 Stunden damit, Ihr Vorhaben in die Tat umzusetzen.

● Noch ein **Tip**: Wenn Sie schnell etwas erreichen wollen, in sieben Jahren oder schneller, suchen Sie sich einen *Coach*! Mit den Ratschlägen in diesem Buch und mit einem Coach werden Sie es immer schaffen!

## Machen Sie aus Ihrem Leben ein Meisterwerk!

Bitte bedenken Sie: Wenn Sie älter werden, werden Sie nur eines bereuen – nicht die Fehler, die Sie gemacht haben, sondern die Dinge, die Sie nicht getan haben! Das Schlimmste ist, sich im Alter sagen zu müssen: „Was wäre aus mir geworden, wenn ich es damals versucht hätte!" Machen Sie aus Ihrem Leben ein Meisterwerk!

Ich möchte Ihnen zum Abschluß noch eine Geschichte erzählen:

*Es war einmal ein kleines Bächlein, das kam an den Rand einer gro-
ßen Wüste. Dort sprach eine Stimme zu ihm: „Komm, geh ruhig weiter." Aber das Bächlein fürchtete sich vor dem Neuen und Unbekannten. Es hatte Angst vor der Veränderung. Es wollte zwar mehr
Wasser haben und ein schöneres Leben führen, aber es wollte sich
nicht verändern und kein Risiko eingehen.*

*Doch wieder hörte das Bächlein die Stimme: „Wenn du den Schritt
nicht wagst, dann wirst du nie erfahren, wozu du in der Lage bist.
Vertraue einfach darauf, daß du auch in einer neuen Umgebung zu-
rechtkommst. Geh ruhig weiter."*

*Da entschloß sich das Bächlein weiterzugehen. Und es war ihm nicht
sehr wohl dabei. In der Wüste wurde es immer heißer, und schließlich verdunstete das Bächlein. Die kleinen Tröpfchen sammelten sich
oben in der Luft. Diese bildeten schließlich lustige Wolken, die über
die Wüste zogen. Die Wolken reisten viele Tage, bis sie hinter der
Wüste zum großen Meer kamen. Dort regneten sie sich leer.*

*Das Bächlein führte nun ein viel schöneres Leben, als es jemals zu
träumen gewagt hatte. Während es sich sanft von einer Welle tragen
ließ, überlegte es lächelnd: „Ich habe mehrmals meine Daseinsform
verändert – und doch bin ich jetzt mehr ich selbst als je zuvor."*

Auf dem Weg zum Reichtum und mit Reichtum müssen wir uns verändern und werden wir uns verändern. Davor haben viele Menschen
Angst. Aber seien Sie ehrlich: Wollen Sie nicht in drei, in fünf oder
in sieben Jahren größer, stärker, reicher und glücklicher sein und mehr
Lebensqualität haben?

Wollen Sie nicht in einigen Jahren auf einem höheren Niveau sei?
Dann müssen Sie auch das Wagnis eingehen, wir haben alle doch gar
keine andere Chance! Auch Ihnen gehört ein Platz an der Sonne. Ich
wünsche mir, daß immer mehr Menschen den Mut haben, in sich
etwas zu verändern, damit wir Stück für Stück die Welt verändern
können!

Ich wünsche Ihnen Reichtum für alle Bereiche – für Ihre Geldbörse und für Ihre Seele und Ihren Geist. Wahrer Wohlstand ist Ihr Geburtsrecht.

Ich freue mich darauf, Sie irgendwann einmal kennenzulernen.

Ihr Bodo Schäfer

## Thema ④ GESUNDHEIT

## Der Referent: Dr. Ulrich Strunz

*Geboren 1943, studierte Kernphysik im In- und Ausland, forschte und publizierte über hormonelle Steuerung von Körper- funktionen. Er praktiziert als Internist und Orthomolekularmediziner.*

*Als sportlicher Anfänger bewältigte Dr. Strunz mit 45 Jahren als erster Mensch der Welt alle sechs Ultra-Triathlon- Wettkämpfe (Ironman, Ultraman) innerhalb eines Jahres. Und auch 1998 und 1999 stand er beim größten Triathlon der Welt, dem Ironman Europe, auf dem Siegertreppchen.*

*Er beweist, daß der Mensch mit mentalen Techniken und einem optimier- ten Stoffwechsel alles erreichen kann. Unter diesem Aspekt betreut Dr. Strunz ca. 2.400 Leistungs- und Breitensportler. Er hat Wege gefunden, bei minimalem Zeitaufwand maximale Erfolge zu erzielen – Hochleistung ohne Streß.*

*„Eine Führungskraft ohne optimierte körperliche und geistige Fitneß ist in einem erfolgreichen Unternehmen von heute nicht mehr vorstellbar."*

*Gerd Haubold, Siemens AG*

*„Im wahrsten Sinne des Wortes lebensnotwendig. Ich habe körperlich und geistig aufgetankt – auf eine sehr motivierende und anregende Weise."*

*Siegfried Dissertori, Südtirol*

*„... der gewünschte Erfolg hat sich binnen kürzester Zeit eingestellt. Sowohl Leistungsfähigkeit, Denkgeschwindigkeit als auch ganzheitliches Wohlbefinden haben sich, zumindest subjektiv, enorm gesteigert.*

*Bern Milenkovics, Grazl*

# Nutzen Sie den biologischen Rückenwind

Liebe Leserinnen und Leser, wissen Sie noch, wie das war vor so zwei oder drei Jahren? Wie Sie damals gelebt haben, als Sie noch 18, 19 Jahre alt waren? Können Sie sich erinnern, mit welcher Leichtigkeit Sie damals durchs Leben gegangen sind? Mit welcher Mühelosigkeit Sie Ihre täglichen kleinen Problemchen gelöst haben? Mit welcher Begeisterungsfähigkeit Sie neue Ideen aufgegriffen und verwirklicht haben?

Zugegeben, von der Leichtigkeit, Mühelosigkeit und Begeisterungsfähigkeit ist bei dem einen oder anderen nicht allzuviel übriggeblieben. Bei Ihnen persönlich, wohlverstanden, ist noch alles da – frisch wie der junge Morgen. Aber bitte schön, schauen Sie sich mal Ihren Nachbarn an.

Na, seien Sie ehrlich, in manchen Fällen, da ist der Lack doch ab, oder? Woher kommt denn das eigentlich? Haben Sie darüber schon einmal nachgedacht?

## „Mir geht's doch noch gut ..."

In Ihrer Jugend schenkte die Natur Ihnen **100% Organfunktion.** 100% bekamen Sie frei Haus mit auf den Weg; dafür brauchten Sie nichts zu tun. 100% Funktion der Lunge, der Leber, der Nieren, des Herzes, der Milz, des Gehirns. 100% bekamen Sie geschenkt. Aber – ein großes Geheimnis – von diesen 100% können Sie 69% verlieren, und Sie spüren nichts davon. Sie spüren keinen Unterschied zwischen 100% und 31%.

Dagegen kämpfen wir Ärzte im Krankenhaus und in der Praxis jeden Tag. Wir messen bei den Patienten und stellen fest: das Chole-

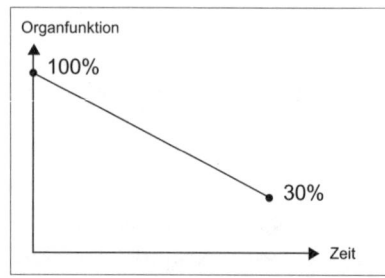

sterin ist zu hoch, die Triglyzeride sind zu hoch, der Blutdruck ist zu hoch, sie rauchen zuviel.

Da versucht der Arzt – höflich, aber bestimmt – auf den Patienten einzuwirken: „Lieber Patient, wenn der Cholesterinspiegel heute einmal ausnahmsweise zu hoch ist, ist das kein Problem; aber auf lange Sicht bekommen Sie einen Herzinfarkt. Wenn Ihr Blutdruck heute einmal ausnahmsweise zu hoch ist – kein Problem; aber auf lange Sicht bekommen Sie einen Schlaganfall. Wenn Sie heute einmal ausnahmsweise rauchen – kein Problem; aber auf lange Sicht bekommen Sie ein Raucherbein und Lungenkrebs.“

Da reagieren die Patienten alle sehr höflich. Sie wissen, einen Arzt lacht man niemals laut aus. Sie sind alle gut erzogen – sie lächeln den Arzt innerlich leise aus. „Ach Doktorchen, du mit deinen Lehrbüchern. Vom wirklichen Leben hast du doch keine Ahnung. Cholesterin soll gefährlich sein? Hoher Blutdruck soll gefährlich sein? Rauchen soll ungesund sein? Ja, schau mich doch an: Seit 20 Jahren ist der Blutdruck zu hoch und der Cholesterinspiegel zu hoch, seit 50 Jahren rauche ich noch dazu. Aber das kann ja nicht schlimm sein, weil: es geht mir doch noch gut!“

Die Amerikaner, die ja etwas pietätloser sind, nennen diesen Satz: „Mir geht's doch noch gut!“ **famous last words** – berühmte letzte Worte.

# Berufliche Karriere auf biologischem Pump

100% Organfunktion bekommen Sie geschenkt. Sie können 69% davon verlieren, und erst beim berühmten 30%-Fall, erst da drückt Sie der Schuh, erst da gehen Sie zum Arzt und sagen: „Doktor, hilf!" Davor, das waren nur Höflichkeitsbesuche: sich durchchecken lassen und hinterher nichts verändern. Beim 30%-Fall, da will man was verändern.

Es ist nicht schwer, eine berufliche Karriere auf biologischem Pump aufzubauen, das machen viele Menschen. Viele riskieren ihre Gesundheit, ja, ruinieren regelrecht ihre Gesundheit, um Geld zu verdienen. Und haben sie das Geld, müssen sie es ausgeben, um die Gesundheit wieder zu erlangen. Das geht in den meisten Fällen in die Hose. Das klappt nämlich nicht.

**Ein berühmtes Beispiel** dafür, wie man sich verrechnen kann, war ein bekannter – auch Ihnen bekannter – Schauspieler aus dem Fernsehen. Ein prominenter Mann. Der hat vieles, vieles von dem falsch gemacht, was Kopfarbeiter, Unternehmer und Führungskräfte heute auch falsch machen. Er hat auf biologischem Pump gelebt. Sein Hausarzt hat das kommen sehen, er hat immer gesagt: „Mein lieber Freund, wenn du so weitermachst, das nimmt ein böses Ende. Seit ich dich kenne, ist dein Cholesterinspiegel und dein Blutdruck zu hoch – nicht viel, aber immer ein bißchen. Seit ich dich kenne, sage ich dir, hör mit dem Rauchen auf, beweg dich mehr, du hast zuviel Streß, du mußt etwas dagegen unternehmen, Bewegung halt ..."

Der Schauspieler war nicht dumm, er wußte, das sind Risikofaktoren. „Herr Doktor, ich sehe es ein. Ich sollte mich natürlich ändern. Im Augenblick spüre ich aber nichts. Mach ich also so weiter. Aber sobald ich was spüre, das verspreche ich, werde ich mich ändern."

Gesagt, getan. Eines Tages spürte er was, nämlich seinen ganz persönlichen 30%-Fall. Und das hieß bei ihm halt Herzinfarkt, mit 46 Jahren. Hat er erst einmal Glück gehabt, daß er seinen ersten Herzinfarkt überhaupt überlebt hat. Sie müssen nämlich wissen, 60% bleiben nach dem ersten Herzinfarkt gleich einmal liegen; die stehen erst am Jüngsten Tag wieder auf. Er hatte Glück, daß er zu den anderen 40% gehörte. Und er hatte noch einmal Glück, daß er operiert wurde; er bekam einen Bypass. Das ist nicht überall selbstverständlich. In den USA müssen Sie ihn selbst finanzieren. Das zahlt keine

Solidargemeinschaft. Da müssen Sie 93 000 Dollar cash auf den Tisch legen für den Bypass. Haben oder nicht haben. Das limitiert sich oft ganz von alleine, wer operiert wird und wer nicht. Wer's Geld nicht hat, bekommt keinen Kredit dafür. Die Banken können rechnen.

Also, der Schauspieler wurde operiert, das kennen Sie aus der Schwarzwaldklinik. Da werden Sie festgeschnallt auf den Operationstisch, dann wird die Brust rasiert und desinfiziert, und dann kommen oszillierende Sägen, die kennen Sie vielleicht aus Ihrem lokalen Heimwerkermarkt. Die werden an der Brust angesetzt und – „bssssst" – wird das Brustbein aufgesägt, das staubt ein bißchen. Aber wo gehobelt wird, da fallen eben die Späne. Nun kommt eine Kastensperre drauf, die chirurgischen Haken hinein, und dann wird die Kiste aufgerödelt. Da sehen Sie, wie der Brustkorb sich öffnet und wie das Herzchen bumpert. Im Alter von 46 Jahren hat unser Schauspieler vier Bypässe gebraucht, vier Umgehungskreisläufe für verstopfte Herzkranzarterien.

Postoperativ war er ein vorbildlicher Patient. Nach der Operation hat er alles gemacht, was der Arzt ihm vorher gesagt hat. Umgezogen ist er in den Schwarzwald, hat dort ein tägliches Trainingsprogramm absolviert, hat sein Gewicht reduziert, eine spezielle Diät eingehalten, hat seinen Blutdruck in den Griff bekommen und sein Cholesterin, hat von Stund an das Rauchen aufgehört. Die Moral von der Geschicht': Mit 50 war er trotzdem tot. Hätte er auch weiterrauchen können, oder?

Liebe Leserin, lieber Leser, wofür ich Sie sensibilisieren möchte: Es ist eine ganz enge Gratwanderung zwischen „Mir geht es doch gut, ich spüre doch nichts." und sterbenskrank. **Wenn Sie was spüren, ist es zu spät.** Die moderne Medizin konnte die Lebensspanne der Menschen enorm ausdehnen in den letzten 50 bis 100 Jahren. Leider nur die Lebensspanne, nicht gleichzeitig die Gesundheitsspanne. Erkennen Sie den Unterschied?

Die moderne Medizin – das ist passiv, das tun andere für Sie – hält den Menschen, wenn's denn so weit ist, länger am Leben. Mit der

Gesundheitsspanne hat das nichts zu tun. Für die Gesundheitsspanne ist jeder einzelne selbst verantwortlich. Das können Sie nicht delegieren an Mitarbeiter oder den treusorgenden Ehepartner. Jeder muß es selbst tun.

# Biologische Leistungsmaximierung – der Pfeil nach oben

Dabei ist es verblüffend einfach, was man tun muß. Sie können sich für ein anderes Leben entscheiden – ab heute – für eine **biologische Leistungsmaximierung,** für einen zweiten, dritten Frühling, das neue Leben. Das Wissen für den Pfeil nach oben ist seit langem bekannt. Das Wissen wird auch angewandt bei Menschen, die wertvoll sind, die wirklich Leistung bringen – also bislang nicht bei Ihnen. Wissen Sie, wer wertvoll ist? Das sind nicht Sie, und das bin nicht ich; das sind

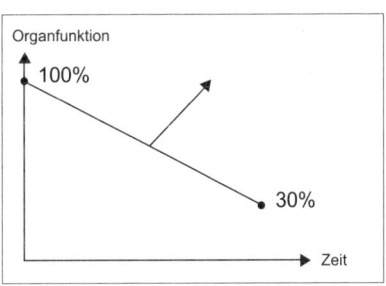

die Leistungssportler, ein Michael Schumacher, eine Martina Hingis. Die werden ganz anders untersucht als Sie.

Sie hören die bösen Sachen: Cholesterin, Triglyzeride, Blutdruck. Doch die hören die guten Sachen. Da werden Leistungsparameter im Blut gemessen. Und das Schöne ist, wenn die Leistungsparameter nicht so sind, wie sie sie gern hätten, dann können sie verändert werden.

**Magnesium – das Salz der inneren Ruhe**

Bei denen mißt man zum Beispiel das Blutsalz Magnesium. Magnesium ist das Salz der inneren Ruhe, das Salz der Belastbarkeit. Haben Sie viel Magnesium im Blut, sind Sie fit, dynamisch, belastbar. Das wußten wir schon lange. Aber warum das so ist, wissen wir erst seit 1994. Da gab es einen Nobelpreis der Medizin für die Erkenntnis. Beim hochnormalen Magnesiumspiegel in Ihrem Blut haben Sie in jeder einzelnen Körperzelle vielleicht 1000 Kraftwerke zur Verfügung. In diesen Kraftwerken wird Energie produziert für Ihr tägliches Leben. Viel Magnesium, viele Kraftwerke, viel Energie. Kaum sinkt der Magnesiumspiegel ab von der oberen Norm zur unteren Norm – wohlgemerkt, beides ist normal – tritt der Körper auf eine biologische Bremse. „Halt, Stop, Vorsicht! Du hast nicht alles, was du für ein leistungsfähiges Leben brauchst. Bitte schön, mach langsamer." Der Körper baut die Kraftwerke ab. Dann haben Sie nicht mehr 1000 Kraftwerke, sondern nur noch 600 in jeder Körperzelle. Und das spüren Sie im täglichen Leben – kein biologischer Rückenwind.

Merkwürdigerweise haben wir alle in Deutschland einen tiefen Magnesiumspiegel. Das liegt am Kunstdünger und am sauren Regen; sie sorgen dafür, daß im Boden kaum noch Magnesium enthalten ist. Eine Ursache für unseren tiefen Magnesiumspiegel ist aber auch der Streß. Wer Streß hat, verbraucht halt noch mehr vom Salz der inneren Ruhe.

Da lesen Sie in der Zeitung: Trinken Sie ein Gläschen Wein jeden Tag, das schont Ihre Gefäße, das schützt das Herz. Das lesen Sie und das glauben Sie gerne. Und mißtrauisch, wie Sie sind, trinken Sie manchmal zwei.

---

**Alkohol**

entzieht dem Körper Magnesium

---

Haben Sie das gewußt? **Ein Gläschen Wein**, genossen am Abend, **schwemmt Ihnen das Magnesium aus dem Körper**. Das können Sie in den nächsten drei Tagen nicht wieder aufholen. Also gestern haben Sie ein Gläschen Wein getrunken, somit das Salz der inneren Ruhe ausgeschwemmt. Am nächsten Tag haben Sie einen schweren Arbeitstag. Sie kommen abends heim, wollen abschalten, zur inneren Ruhe kommen. Sie finden diese aber nicht, weil Sie sich gestern vom Salz der inneren Ruhe verabschiedet haben. Sie sind leicht unruhig, nervös, so kribblig. Können nicht abschalten von des Tages Müh und Plag. Trinken Sie halt wieder ein Gläschen Wein, weil Sie sich dann so herrlich entspannen können, und schon wieder schwemmen Sie's hinaus, das Magnesium ... Also das tägliche Gläschen Bier, Gläschen Wein macht Sie ganz schnell ganz schlapp, ganz alt, ganz krank.

## Hämoglobin – wichtig für den Sauerstofftransport

Ein anderer Leistungsparameter ist das Hämoglobin, der rote Blutfarbstoff, der transportiert Sauerstoff. Wenn Sie viel davon im Blut haben, können Sie besser Sauerstoff aufnehmen. Wie wichtig das ist, weiß jeder Radrennfahrer. Die tun was für das rote Blut. Sportler wissen, wie wichtig Hämoglobin ist. Die verdienen ihr Geld mit ihren Muskeln. Hämoglobin transportiert Sauerstoff in die Muskeln.

Sie dagegen verdienen Ihr Geld mit dem Gehirn. **Hämoglobin transportiert Sauerstoff auch ins Gehirn.** Für Sie wäre das genauso wichtig. Zwei Einheiten mehr davon im Blut – das ist ein Unterschied wie zwischen Tag und Nacht. Sie sind viel heller auf der Platte, viel frischer im Hirn. Und nicht morgens um zehn Uhr am Schreibtisch schon müde.

## Eiweiß – der Baustoff des Lebens

Der wichtigste Leistungsparameter überhaupt ist das Eiweiß. **Sie bestehen zu einem großen Teil aus Eiweiß:** Wenn man von Ihren Körpersubstanzen das Wasser abzieht, bleibt vor allem Eiweiß übrig. Sie setzen sich aus 22 verschiedenen kleinen Eiweißbausteinen zusammen. Lassen Sie sich einmal Ihren Eiweißspiegel messen beim Hausarzt. Das kostet ein bißchen Zeit, aber gar kein Geld. Die meisten von Ihnen haben einen niedrigen Eiweißspiegel. Wenn Sie sich im unteren Normbereich bewegen, ist der ganze Organismus schlecht aufgebaut. Dann haben Sie schlaffe Muskeln, denn Muskeln sind

Eiweiß. Dann haben Sie spröde Knochen, denn Knochen setzen sich zu über 50% aus Eiweiß zusammen. Sie haben ein schlechtes Immunsystem, denn das Immunsystem besteht aus Eiweiß. Dann haben Sie wenig Hämoglobin, roten Blutfarbstoff, denn Hämoglobin ist Eiweiß. Wenig Glückshormone, denn auch diese bestehen aus Eiweiß.

Nehmen Sie einmal an, zwei Menschen hätten exakt das gleiche Arbeitspensum, beide sind Abteilungsleiter. Der eine hat wenig Eiweiß, wenig Glückshormone, der andere viel Eiweiß, viele Glückshormone. Jetzt kommt bei beiden Arbeit zusätzlich auf den Schreibtisch. Der eine mit wenig Eiweiß und wenig Glückshormonen sieht die Arbeit, erschrickt und sagt: „Oh weh, wie soll ich das denn schaffen?" Der andere mit viel Eiweiß und viel Glückshormonen sieht die Arbeit und sagt: „Na, das schaffen wir auch noch schnell." Ihre inneren Augen sind hormonell gesteuert. **Ihre innere Klangfarbe ist hormonell gesteuert.** Das kann man messen im Blut. Das Schöne ist: Sobald man's messen kann, kann man's auch verändern, wenn es nicht so ist, wie man's gerne hätte.

Diesen Pfeil nach oben nenne ich Leistungsmaximierung. Was mich so verblüfft: Menschen, die eh schon oben sind, kennen sich da sehr genau aus. Sie kümmern sich persönlich darum. Der normale Hausarzt würde Ihnen auch gerne helfen, nur das hat er leider nicht gelernt. Der hat Krankheiten gelernt, nicht Gesundheiten. Der normale Hausarzt hat alle Hände voll damit zu tun, unten tagtäglich das Wasser aufzuwischen, daß er gar nicht die Zeit hat, oben den Hahn zuzudrehen.

# „Am Totenkopf vorbeigeschrammt ..."

Wir wissen alle, es gibt Katalysatoren in die eine und in die andere Richtung. Einige Katalysatoren in die falsche Richtung sind weit verbreitet. Und einen dieser Katalysatoren kennen Sie sicherlich auch, der befindet sich in kleinen Pappschachteln. Da liegen Stifte drin, ganz eng beisammen – wie im Sarg. In regelmäßigen Abständen werden diese Schachteln aus der Brusttasche hervorgeholt, ein Stift wird gewählt und mitten ins Gesicht gesteckt. Und weil so ein Stift im Gesicht alleine noch nicht blöd genug aussieht, muß der vorne angezündet werden.

Dann brennt es im Gesicht Ihrer Mitmenschen. Wenn Sie ein bißchen christliche Erziehung genossen haben, nehmen Sie ein Glas Wasser, bitte schön, und löschen Sie, aber kräftig! Weil Sie aber nicht immer löschen, saugen diese Menschen den Qualm in sich hinein. Dabei steht auf der Packung draußen so was drauf wie „**Rauchen gefährdet Ihre Gesundheit**". Doch das ist dem Raucher so wurscht, wie wenn in China ein Sack Reis umfällt. Jeder Raucher denkt sich: „Na ja, Rauchen ist ungesund. Das wissen wir alle. Aber ich bin ja ein schlauer Fuchs. Ich hab's ja im Griff. Ich rauche, solange ich merke, daß es mir gut tut; und wenn ich merke, es tut mir nicht mehr gut, dann kann ich ja immer noch aufhören." Liebe Leserin, lieber Leser, wenn Sie merken, daß es Ihnen nicht gut tut, können Sie weiterrauchen.

Die fünf größten Zigarettenkonzerne in Deutschland haben sich gerade zusammengeschlossen und eine Klage vor dem obersten Gericht eingereicht. Die wollten den Aufdruck weghaben: „Rauchen gefährdet Ihre Gesundheit." Damit auch die Jugendlichen wieder befreiter durchziehen können. Da mußten sich die Bundesrichter mit den Gefahren des Rauchens auseinandersetzen.

Sie haben ein Urteil gefällt, überschrieben mit: „Am Totenkopf vorbeigeschrammt." Darin steht: „Wenn wir Richter das Recht hätten, neue Gesetze zu erlassen, dann würde nach der Gefahrengutverordnung auf jede einzelne Zigarettenschachtel ein Totenkopf aufgedruckt." Die Richter haben sich das Urteil nicht aus dem Ärmel geschüttelt, sie haben das begründet anhand der Daten des Statistischen Bundesamtes in Wiesbaden. Sie haben gesagt: „Rauchen tötet mehr Menschen als Verkehrsunfälle, AIDS, Alkohol, illegale Drogen, Morde und Selbstmorde – zusammen."

Haben Sie das gewußt? Es gibt ja wirklich Menschen, die machen vorher irgend etwas mit einem Kondom da unten, und hinterher zünden sie sich oben eine Zigarette an. Die haben noch nie etwas von Wahrscheinlichkeitsrechnung gehört. Liebe Leserin, lieber Leser, falls Sie zu den Rauchern gehören – lassen Sie es bleiben. Lassen Sie es jetzt bleiben, wenn nicht jetzt, wann dann? Nicht erst dann, wenn Sie etwas spüren.

Aber gut, wir sind ja keine Moralapostel, Sie sind schließlich erwachsen und haben das Wahlrecht und den Führerschein. Wenn Sie rauchen wollen, nichts dagegen zu sagen. Aber bitte schön, wenn Sie rauchen, gehen Sie hinaus und lassen Sie die anderen in Ruhe. Ist es denn selbstverständlich, daß 20 bis 30% der Menschen die Luft für alle anderen verpesten?

# Zivilisationskrankheiten – überflüssig wie ein Kropf

Weil die meisten Menschen sich nicht richtig bewegen, weil sie nichts für sich tun, weil sie sich nicht für Leistungsmaximierung, den Pfeil nach oben, interessieren, muß der Hausarzt rumdoktern an unseren Zivilisationskrankheiten, jede einzelne überflüssig wie ein Kropf:

- **Herz-Kreislauf-Erkrankungen**
- **Bluthochdruck**
- **allmähliche Verblödung**
- **Übergewicht**

80% aller stationär behandelten Patienten haben Probleme mit dem Herz-Kreislauf-System. Bluthochdruck, bei uns in Bayern eine Volkskrankheit. Das braucht man gar nicht mehr zu messen, das sieht man schon. Oder die allmähliche Verblödung. Auch das sehen Sie, wenn der Blick geschärft ist, an jeder zweiten Straßenecke; da braucht man gar keinen IQ-Test zu machen.

Beispiel: Forever young, Zwei-Tages-Seminare. Da kommen Kopfarbeiter, Unternehmer und Führungskräfte morgens nüchtern an, da werden sie zur Ader gelassen, da wird Blut abgenommen, werden die Leistungsparameter bestimmt, Körperfett gemessen usw.

Eines Tages hielt Herr Kobjoll, ein begnadeter Marketing-Trainer, gleichzeitig ein Seminar: „Marketing für Unternehmer." Einer dieser Unternehmer hatte sich verlaufen, der wollte hoch zum Marketing, hatte sich aber bei uns angestellt, wo die Menschentrauben standen. Er hat sich komplett mitdurchchecken lassen und nicht gemerkt, daß er im falschen Film ist.

Als wir dann feststellten, wo er eigentlich hinwollte, führten wir ihn hoch und lieferten ihn ab. Dort war er schon vermißt worden: „Wo warst du denn so lange? Du hast ja ein Pflaster am Arm – was ist denn los, bist du krank?" Daraufhin hat Herr Kobjoll erzählt, was wir da für ein Seminar machen.

In der nächsten Pause war der Unternehmer wieder bei mir. „Herr Doktor, zu Ihrem Seminar müßte ich auch mal kommen. Mein Hausarzt hat nämlich festgestellt, meine Halsschlagadern sind zu 50% verkalkt." Ich habe mir gedacht: „Guter Mann, so laut hätten Sie's gar nicht mehr sagen müssen. Sie haben's heute früh bewiesen durch Ihr Verhalten."

# Laufen Sie sich jung

## Ihr Feind Nummer eins: Fett

Die meisten Menschen wissen, daß Fett der größte Feind ist, den wir haben. Fett lagert sich in unseren Gefäßen, in der Halsschlagader, in den Herzkranzgefäßen, in der Aorta ab. Unverbranntes Nahrungsfett läßt unsere Gefäße verengen, und irgendwann werden unsere Organe nicht mehr durchblutet. Was das heißt, ahnen Sie bereits.

Dabei könnte man das Fett verbrennen. **Die Muskeln können Fett verbrennen.** Nicht das Gehirn, nicht der Knochen, nur der Muskel kann Fett verbrennen. Doch der Muskel des Kopfarbeiters hat's leider verlernt. Der Muskel kann sich nämlich aussuchen, ob er Kohlenhydrate verbrennen will oder Fett.

Die Muskeln des Waldarbeiters und des Bergbauern sagen: „Her mit dem Fett. Wie sonst sollte ich acht Stunden kontinuierlich muskuläre Schwerstarbeit leisten?" Die verbrennen ihr Fett.

Die Muskeln des Kopfarbeiters sagen: „Ach, weißt du was, morgens aufstehen, zum Auto rennen, in der Arbeit zehnmal am Tag die Treppen rauf- und runterlaufen und sonntags eine Stunde Tennis spielen gehen: das bißchen muskuläre Energie beziehe ich doch allemal aus den Kohlenhydraten meiner Nahrung, aus dem Brot, Nudeln, Reis, Korn ..."

Und weil Sie schon ein bißchen länger als zwei, drei Tage Kopfarbeiter sind, hat das gefährlichste, das wichtigste Prinzip der Medizin gnadenlos zugeschlagen, das da lautet: „Use it or loose it – gebrauch's oder verlier's."

Die meisten Kopfarbeiter können gar kein Fett mehr verbrennen; sie können es nur noch ablagern, zum Beispiel in den Herzkranzgefäßen, in der Halsschlagader oder zwischen den Hirnzellen.

# Kurbeln Sie Ihre Fettverbrennungsmaschine an

Man könnte dies alles wieder rückgängig machen. Richtige Bewegung fördert die Bildung fettverbrennender Enzyme. **Richtige Bewegung heißt: langsam, gleichmäßig, nonstop.** Richtige Bewegung heißt: Ihre Milchsäure ist tiefer als 4,0.

Die meisten Leute bewegen sich falsch. Die wollen's richtig machen, fangen mit dem Joggen an, kommen nach einer halben Stunde wieder, können vor Keuchen kaum sprechen und sagen dann: „Schon wieder zehn Sekunden schneller, und das in meinem Alter." Diese Leute hätten genausogut zu Hause bleiben können.

Daß die meisten das falsch machen, das sage nicht ich, dies sagt Prof. Rost von der Sporthochschule Köln. Der hat ca. 50 Jogger durchgemessen, die durch den Stadtpark liefen. Bei jedem hat er ein Tröpfchen Blut entnommen und die Milchsäure gemessen. Wohlgemerkt: **Ein Milchsäurewert von unter 4,0 ist ideal.** Hier wird Fett verbrannt. Milchsäurewerte über 4,0 bedeuten: Hier kann kein Gramm Fett mehr verbrannt werden. Es werden nur Kohlenhydrate verbrannt.

90% der Jogger hatten einen Milchsäurewert – nicht von 3,8, 3,9, 4,0 ... sondern von 6 bis 12. Die waren weit, weit weg vom dem Bereich, in dem Fettverbrennung stattfindet. Die sind tagaus, tagein da herumjoggt, völlig ohne Effekt für die Fettverbrennung.

Prof. Rost hielt viele Vorträge. Der reiste herum, sagte: „Ich lege meine Hand dafür ins Feuer, wenn Sie an einem beliebigen Tag einen beliebigen Jogger messen: der bewegt sich zu schnell." Mittlerweile müßte er etwas vorsichtig sein mit seiner Hand im Feuer, es könnte sein, daß er sich verbrennt, weil schon etliche 10.000 Leute bei uns waren. Es könnte sein, daß er an jemanden gerät,

| Fett verbrennt |
| :--- |
| • nur im Muskel |
| • nur bei $O_2$-Überschuß (Milchsäure unter 4) |

der es richtig macht. Aber alle anderen, die nicht bei uns waren, die „schwarz" joggen, die machen's falsch.

Noch einmal zusammengefaßt:
- Sauerstoffunterschuß –> Zuckerverbrennung
- Sauerstoffüberschuß –> Fettverbrennung

# Laufen Sie los – aber langsam

**Wer hechelt und keucht, kann kein Gramm Fett verbrennen,** es geht einfach nicht. Nur bei Sauerstoffüberschuß können Sie die Enzyme bilden, die Sie zur Fettverbrennung brauchen. Als Kinder hatten Sie alle diese Enzyme. Nun müssen Sie diese Enzyme erst wieder produzieren.

Aber das Tolle daran ist: Wenn Sie einmal diese Enzyme wieder gebildet haben – dafür brauchen Sie ca. sechs bis acht Wochen – verbrennen Sie Fett rund um die Uhr. Ganz egal, was Sie gerade tun. Egal, ob Sie im Bett liegen und schlafen. Ihre Muskeln verbrennen Fett. Egal, ob Sie im Büro sitzen und geistig arbeiten. Ihre Muskeln verbrennen Fett. Egal, ob Sie sich im Wald bewegen, eine halbe Stunde mit dem richtigen Puls. Ihre Muskeln verbrennen Fett. **Fettverbrennung rund um die Uhr.**

Also, laufen Sie los. Kaufen Sie sich ein Paar Laufschuhe, stellen Sie sie abends neben das Bett. Wenn Sie dann morgens hochrumpeln, fallen Sie in die Schuhe, erschrecken fürchterlich und laufen einfach los. Wichtig: Nicht erst Zähne putzen und duschen. Denn dabei fallen Ihnen garantiert vierzehn Ausreden ein, warum Sie gerade heute ausnahmsweise keine Zeit zum Laufen haben. Sie müssen mindestens vier Wochen lang jeden Tag um die gleiche Zeit laufen. Dann haben Sie einen Laufreflex – denn **Laufen macht süchtig.**

Und dann wird's leicht. Dann können Sie nämlich alles, was sich bei Ihnen abgelagert hat, wieder loslösen – von der Halsschlagader, von den Herzkranzgefäßen – und in den Muskeln verbrennen.

| | Meine Ausgangswerte | Nach 4 Wochen Laufen | Empfehlung |
|---|---|---|---|
| **Cholesterin:** | _____ | _____ | < 150 mg/dl |
| **HDL-Cholesterin:** | _____ | _____ | > 60 mg/dl |
| **Triglyceride:** | _____ | _____ | < 100 mg/dl |

Ich lade Sie herzlich dazu ein, mir kein Wort zu glauben. Warum Sie das machen, was ich erzähle, ist ja völlig wurscht. Hauptsache, Sie machen es. Gehen Sie morgen zum Arzt, und lassen Sie drei Werte messen: Cholesterin, das gute Cholesterin HDL und das Nahrungsfett, die Triglyceride. Damit haben Sie einen Leerwert. Dann fangen Sie an, sich zu bewegen; vier Wochen lang jeden Tag eine halbe Stunde lang langsam, gleichmäßig, nonstop laufen. Und nach vier Wochen gehen Sie noch einmal zum Arzt, nehmen Ihre Ausgangsbefunde mit und lassen bei der Nachbesprechung Ihre Ausgangswerte vergleichen. Ich wette mit Ihnen, der Arzt springt über seinen Schreibtisch, sitzt auf Ihrem Schoß, umarmt Sie, die Mundwinkel küssen die Ohrläppchen, er fragt Sie: „Wie haben Sie das geschafft?" Sie haben das Cholesterin so schnell und effektiv gesenkt, wie es keine Diät und keine Tablette kann – allein mit dieser natürlichen Methode.

Sie müssen nicht sagen: „Ich gehe laufen." Sie können auch radfahren oder schwimmen. Aber das **Laufen ist das Effektivste**. Wenn Sie nur eine halbe Stunde Zeit haben, dann laufen Sie eine halbe Stunde. Sich eine halbe Stunde beim richtigen Puls bewegen, dann haben Sie einen optimalen Benefit, den optimalen Ausgleich für den Kopfarbeiter.

# Ihr optimaler Puls

**Wie bekommen Sie nun heraus, welcher Puls für Sie genau der richtige ist?** Es gibt spezielle Pulsuhren, kleine Computer (zum Beispiel von der Firma Polar), die die Herzfrequenz messen. Sie schnallen sich das Gerät um, bewegen sich wenige Minuten (zwei Minuten ganz langsam, zwei Minuten ein bißchen schneller usw.), und schon können Ihnen diese kleinen Computer auf den Herzschlag genau sagen, bei welchem Puls Sie sich bewegen sollen. Den müssen Sie dann exakt einhalten, denn das Gemeine ist: wenn Sie nur zwei Herzschläge drüber kommen, war alles umsonst. Sie trainieren eine halbe Stunde lang, zwei Herzschläge über den ermittelten Pulsbereich –

und Sie hätten genausogut zu Hause bleiben können. Wenn Sie nur ganz kurz zwei Pulsschläge darüber liegen, ist das nicht so schlimm. Aber wenn Ihr Pulswert 142 heißt und Sie bewegen sich bei 144, hat das keinen Effekt auf die Fettverbrennung.

Weil wir kein Gefühl dafür haben, wann wir 142 haben und wann 144, ist solch ein Pulsmesser sehr sinnvoll. Damit kann man das Training optimieren. Das empfehle ich allen, die schnelle Erfolge haben möchten. Das ist die Basis, auf der können Sie aufbauen. Natürlich gehört dazu auch die richtige Ernährung. Das behandeln wir nun.

# Essen Sie sich jung

## Ameisen und Adler

Liebe Leserin, lieber Leser, Erfolg fällt nicht vom Himmel. Erfolg erarbeiten Sie sich. Erfolg bedarf Müh und Plag. Erfolg benötigt Einsatz. Eiserne Energie. Überstunden. Das glauben die meisten von Ihnen. Das habe ich auch geglaubt, 45 Jahre meines Lebens. Das ist unsere Glaubenswelt.

Ich möchte Ihnen heute eine andere Welt vorstellen. Eine Welt der Leichtigkeit. Eine Welt der Mühelosigkeit. **Eine Welt**, in der man gewinnt, **in der Sie gewinnen – ohne sich anzustrengen**. Eine Welt, in der den Menschen Flüglein wachsen.

Jeden Morgen, wenn Sie aus dem Bette hüpfen und wenn Sie Erfolg haben wollen, streben Sie nach oben. Lassen Sie sich einfach ein Paar Flüglein wachsen – und Sie können abheben. Dahinter steckt eine Idee. Eine poetische Idee, die mein Leben seit zehn Jahren bestimmt. Die Idee, nicht mehr als Ameise durchs Leben zu krabbeln, sondern als Adler abzuheben, zu fliegen, Überblick zu haben, zu gewinnen.

In der Regel sind wir Ameisen, wohlverstanden. Emsig mühen und plagen wir uns von früh bis spät im Schweiße unseres Angesichts – das kennen Sie. Ameisen dürfen stolz auf sich sein. Immerhin schleppen Ameisen ein Vielfaches ihres Körpergewichts – so wie Sie Ihre beruflichen Aufgaben und Erfolge. Sie schaffen Kunstwerke wie den Ameisenbau, sprich den Kölner Dom. Darauf dürfen wir stolz sein,

| Die Ameise | **schuftet.** |
| Der Adler | **tut nichts.** |

wir Menschlein. Aber eines dürfen Ameisen nie: Ameisen dürfen nie stehenbleiben. Wenn eine Ameise einmal stehenbleibt, könnte sie nämlich nach oben blicken und dort oben einen Adler sehen.

Ein Tier, millionenmal schwerer als sie, das dennoch schwebt. Haben Sie darüber schon einmal nachgedacht? Pfeilschnell fliegen, da könnte doch so eine arme kleine Ameise – und das war ich – ins Grübeln kommen und könnte neidisch fragen: Wie macht denn der das? Was macht der da oben? Und die verblüffende Antwort auf diese völlig berechtigte neidische Frage lautet: nichts!

Nichts, meine Damen und Herren, das ist das Geheimnis des Adlers. Die Ameise schuftet. **Der Adler tut nichts.** Die Ameise strampelt sich ab von früh bis spät. Der Adler tut nichts. Er breitet seine Flügel aus. Er nutzt die Kraft des Windes, eine Kraft außerhalb seines Körpers, die er nicht kennt, die er nicht studiert, die er nicht kritisiert – er ist kein Akademiker ... –, sondern die er nutzt – er ist ein Praktiker.

In Ihrem Leben gibt es exakt die gleiche Kraft. Sie kennen diese Kraft – aber die wenigsten von Ihnen wissen, wie man diese Kraft täglich zu seinen Gunsten einsetzt, um Außerordentliches zu vollbringen, ohne sich anzustrengen.

Das Geheimnis des Adlers besteht aus drei Worten. Das eine Wort haben Sie soeben kennengelernt: Bewegung – das heißt, nicht einfach nur Bewegung, sondern **Bewegung im Sauerstoffüberschuß**. Nur dann können Sie Fett verbrennen. Nur dann wird aus einem Zweizylinder – bitte nehmen Sie mich wörtlich – ein Zwölfzylinder.

# Gekonnte Ernährung – die stärkste Droge

Der Adler hat noch ein zweites Geheimnis. Der Adler nützt die stärkste Droge, die der Mensch kennt. Die kostbarste Droge, die der Mensch kennt, und das ist gekonnte Ernährung. Liebe Leserin, lieber Leser, wir glauben immer, Ernährung hätte zu tun mit dem mittleren Ring, mit dem Hüftgold und so. Doch Ernährung kann noch viel mehr. **Ernährung bestimmt, was Sie denken.** Ihre Stimmung, Ihre innere Dynamik, Ihre Kreativität, spontane Eingebungen werden durch Ihre Ernährung bestimmt – das weiß kaum jemand.

> Ihre Gedanken,
> Ihre Stimmung,
> Ihre innere Dynamik,
> Ihre Kreativität ...
>
> ... werden entscheidend durch Ihre Ernährung bestimmt.

Sie haben heute vermutlich schon etwas gegessen. Dieses Essen ist zur Zeit im Magen. Ich weiß, wie das da aussieht. Ich habe mir das 17 Jahre lang angeschaut. Wissen Sie es auch? Ich nenne das den „Bampf". Das ist ein Brei, gelbgrün, säuerlich riechend, und darauf schwimmen Fettaugen herum – das haben Sie gerade in Ihrem Magen. Das nennen wir Menschen „Ernährung". Bampf. Hier zeichne ich mal auf, wie ich ihn sehe.

Das, liebe Leserin, lieber Leser, das ist der Bampf, wie er bei Ihnen herumschwimmt. In diesem Bampf befinden sich zum Glück zwei Diamanten, auf die es ankommt. Diese zwei Diamanten essen Sie jeden Tag unbestritten mit – nur ein kleines bißchen falsch. Sie kennen den Trick nicht. Diese Diamanten sind in meiner Sprache unge-

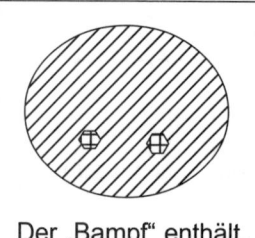

Der „Bampf" enthält zwei Diamanten

schliffen, stumpf, die funkeln nicht, die wirken nicht. Und alles, was ich nun tun möchte, ist, in diesem Beitrag die Diamanten einmal herauszuholen und ein klein bißchen zu polieren, damit Sie merken, daß sie ja auch funkeln könnten, eine unglaubliche Wirkung entwikkeln könnten. Vielleicht interessiert Sie das ja.

# Die zwei Diamanten Ihrer Ernährung

Der erste Diamant, den ich Ihnen vorstellen möchte, heißt „Aminosäuren". Ein schönes Wort, wie ich finde. Wissen Sie, das ist ja nur gescheit für **Eiweiß**, z.B. Schnitzel. Sie wissen ja: Der Mensch besteht überwiegend aus zwei Sachen, aus Wasser und aus Eiweiß. Zugegeben, manchmal noch aus einem bißchen Fett, aber das könnte man ja ändern ...

> **Die zwei Diamanten**:
>
> • Aminosäuren
> • Bio-Katalysatoren

Dieses Eiweiß hat 22 Bausteine, und diese Bausteine heißen Aminosäuren. Damit umzugehen ist die hohe Kunst eines Michael Schumacher, eines Boris Becker, einer Martina Hingis. Die kennen das Geheimnis.

Und der zweite Diamant? „Bio-Katalysatoren". Das ist auch nur ein gescheites Wort für **Vitamine, Mineralien, Spurenelemente**.

# Serotonin – die „happy pill"

Ich erzähle Ihnen einmal etwas über Aminosäuren, am besten in Form von einer Geschichte. Nehmen Sie doch z.B. eine Affenhorde im Käfig. Wenn Sie solch eine Horde näher betrachten, finden Sie immer einen Chefaffen. Frage: Wie unterscheidet sich der Chef von seinen Angestellten? Jeder Angestellte weiß das: Der Chef tut nichts. Versuchen wir einmal dahinterzuschauen – das hat man getan im Zoo von San Diego, einem großen Freiland-Zoo. Dort hat man den Affen Blut abgezapft und dabei herausgefunden, daß der Chef-Affe doppelt soviel von einem ganz bestimmten Hormon im Blut hatte.

Dieses Hormon kannte man. Es heißt Serotonin. **Serotonin macht beim Menschen gute Laune, macht fröhlich.** Serotonin ist eine „happy pill" und hat noch eine zweite bemerkenswerte Eigenschaft. Wenn Sie viel Serotonin im Blut haben, nimmt man innerlich Abstand, geht man innerlich einen Schritt zurück von des Tages Müh und Plag, von den Aufgaben, die einen überwältigen wollen. Man findet innerlich Distanz.

Und just von diesem Hormon hatte der Chef-Affe doppelt soviel im Blut. Wir kennen die Wirkung dieses Hormons auf den Menschen sehr genau, weil wir es täglich anwenden. Wenn ein Mensch eine Depression hat – was auch immer dies sei – und er geht zum Arzt, bekommt er ziemlich automatisch eines der sieben besten Antidepressiva, eine Pille. Und alle sieben, die heute auf dem Markt sind, wirken über dieses Hormon; sie

---

**Serotonin**

• gute Laune, fröhlich, Überblick
• das Antidepressivum

---

versuchen, den Spiegel dieses Hormons im menschlichen Gehirn ansteigen zu lassen und die Menschen dadurch glücklicher zu machen. Beispielsweise „Prozac". Wenn Ihnen das nichts sagt: „Fluctin". Das ist die Pille, die viele Menschen jeden Abend schlucken, wenn sie sich vergnügen wollen. Fluctin hatte z.B. der Chauffeur von Lady Di im Blut, als er starb bei 200 km/h. Viele Menschen, viele Millionen Amerikaner, schlucken dieses eine Präparat jeden Tag.

Ich möchte Ihnen hier zeigen, wie Sie mit diesem Hormon umgehen können – mit Ernährung, ohne Pille.

## Gibt es ein Chef-Hormon?

Wie gesagt, der Chef-Affe hatte doppelt soviel Serotonin im Blut. Daraufhin hat man ein Experiment gemacht: Man hat den Chef-Affen herausgenommen aus dem Käfig. Da brauchen Sie nicht lange zu warten, schon kommt der Vize und wird der neue Chef, das ist wie beim Menschen so. Nun hatte auf einmal der Vize doppelt soviel Serotonin im Blut; das hatte er vorher als kleiner Angestellter nicht gehabt.

Spätestens jetzt wurde man neugierig. Die Arbeit ist betitelt mit „Gibt es ein Chef-Hormon?" Sehen Sie, das sind Fragen! Ich liebe solche Fragen. Ganz anders als: „Gibt es einen Herzinfarkt?" Das weiß ich inzwischen. Oder „Gibt es einen Krebs?" Ja, das weiß ich auch. Aber: „Gibt es ein Chef-Hormon?" Da könnte man ja vielleicht für Sie, für mich, für uns alle etwas Praktisches herausarbeiten!

Schließlich hat man ein drittes Experiment gemacht. Man hat den kleinsten Affen genommen aus dem Käfig, so einen verhuschten, kleinen Randaffen, wissen Sie, so einen ganz jungen. Und man hat dem „a boost" gegeben. „A boost" heißt eine Spritze mit Serotonin. Vier halten den kleinen Affen fest, und der fünfte spritzt. Jetzt hatte der kleine Affe einen Hormonspiegel, der ihm sicher nicht gehörte. Für die nächsten drei Stunden saß dieser kleine Affe auf dem Ast, auf dem nur der Chef sitzen darf. Die anderen Affen sind unten herumzirkuliert und haben mißtrauisch nach oben geäugt. Sie haben natürlich gerochen: „Da stimmt doch was nicht." Aber sie hatten **eine biologische Sperre**, kamen einfach nicht heran. Drei Stunden später war der künstliche Hormonspiegel abgeklungen, und die Horde hat den kleinen Affen verbissen und verjagt.

**Machen Sie sich Ihr Chef-Hormon selbst ...**

Es gibt also ein Chef-Hormon, das heißt Serotonin. Und das haben Sie alle im Blut, fragt sich nur ... genau: wieviel? Viel oder wenig?

Und jetzt kommt die schöne Nachricht, deshalb schreibe ich diese Zeilen, und das nenne ich Frohmedizin: Sie können's sich selbst machen! Wir wissen genau, woher das Serotonin im Ihrem Körper kommt. Das produzieren Sie selbst aus Tryptophan. Und Tryptophan ist eine Aminosäure. In unserer Sprache heißt das Ganze „Schnitzel". Aus dem Schnitzel macht der Mensch Serotonin. Das flutet im

Gehirn an, macht gute Laune, gibt Überblick, und das nennt man „Chefverhalten".

Wenn ich Ihnen zehn Sekunden Zeit gebe, kommen Sie selbst drauf: „Wenn das so ist, aus einem Schnitzel Chefverhalten, dann esse ich jetzt zehn Schnitzel und übernehme den Laden!" Im Ansatz richtig. Funktioniert aber nicht. Ich kann Ihnen erklären, warum das nicht klappt. Wenn Sie so ein Schnitzel essen, dann essen Sie das wertvolle Tryptophan. Aber dummerweise noch 21 andere Aminosäuren. Tryptophan gilt als große Aminosäure, und im Schnitzel sind noch sieben weitere große Aminosäuren enthalten. Das sind Konkurrenten, die verdrängen das Tryptophan. Sieben gegen eins.

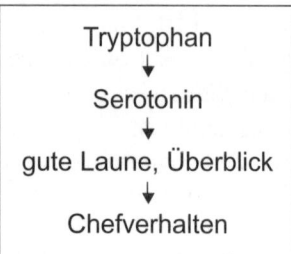

**Es kommt nie genug von diesem Tryptophan ins Gehirn.** Sie erleben niemals diesen Effekt. Außer wenn Sie im richtigen Moment Ihren Insulinspiegel anheben. Das ist ein biochemischer Trick. Wie Sie Ihren Insulinspiegel angeben, das haben Sie mit drei Jahren gelernt. Nach dem dritten Eis, nach dem vierten Schokoriegel geht's nach oben. Also Zucker essen, etwas Süßes naschen. Wenn wir das in diesem Moment tun, dann verschwinden die sieben Konkurrenten in der Muskelzelle, Tryptophan bleibt allein übrig, strömt in Ihr Gehirn, wird zu Serotonin, und Sie bekommen unvermutet gute Laune, inneren Abstand, „Chefverhalten".

**Das Patent-Rezept: Eiweiß ohne Fett**

Dieses Experiment kennt der ein oder andere von Ihnen. Viele Teilnehmer erzählen mir das nach den Seminaren. Mir ist einmal etwas passiert, völlig unvermutet nach dem Essen. Ich habe es mir nie erklären können, aber ich habe es mir gemerkt. Ich erzähle Ihnen kurz die Geschichte.

Da war ich einmal in Monte Carlo; oberhalb von Monte Carlo gibt es ein kleines Bergdörfchen mit einem wunderbaren Restaurant. Da sitzen Sie am Panoramafenster, haben unter sich die Côte d'Azur und speisen. Und da habe ich das erste Mal in meinem Leben – zufällig – richtig gegessen.

Was heißt nun richtig? Richtig heißt: Eiweiß ohne Fett. Warum ohne Fett? Sehen Sie, Fett lähmt die Verdauung. Ein Steak zum Beispiel hat 30 bis 40% Fett. Das haben Sie dann aber auch sechs bis acht Stunden im Magen, bis es verdaut ist. Bedeutet praktisch: die wertvollen Aminosäuren tröpfeln nur in kleinsten Konzentrationen über sechs bis acht Stunden verteilt langsam in Ihr Blut. Sie erleben nie „the boost", diesen Ansturm von Aminosäuren, den der kleine Affe erlebt hat.

Doch dieses eine Mal esse ich aus Versehen richtig. Es war ein Fisch vom Grill; die Sauce kam nicht. Ich bestelle mir immer Sauce béarnaise, doch die kam halt nicht. Da habe ich die Zitrone auf diesen armen Fisch ausgedrückt und den Fisch so gegessen. Auf diese Weise kam also Eiweiß ohne Fett in meinen Magen, wurde jetzt verdaut. Einige Zeit später folgte das Dessert, mein Insulinspiegel ging hoch, die sieben Konkurrenten verschwanden, das Tryptophan aus dem Fisch blieb alleine übrig, strömte in mein Gehirn. Und ich

| Eiweiß ohne Fett |
| + Dessert |
| = Chefverhalten |

weiß noch ganz genau, beim Dessert legte ich den Löffel weg und dachte: „Mein Gott, hast du ein schönes Leben!" Ich breitete die Arme aus, schaute mir die Cote d'Azur an und sprach zu mir: „Hier möchtest du sterben." Ein göttlicher Moment, der mich unvermutet ankam, der sehr merkwürdig war. Ich habe ihn über die Jahre hinweg gespeichert, und jetzt habe ich ihn endlich erklären können. Vielleicht kennen Sie dieses Gefühl – also noch einmal:

**Eiweiß ohne Fett, und dann**, wie üblich, **Kohlenhydrate**, etwas Süßes, ein bißchen verzögert, eine halbe bis eine Stunde später. Das ist der ganze Trick. Wer das einmal so hört – und Sie haben es so-

eben gehört – und ab heute nicht so ißt, der entzieht sich meinem
Verständnis. Denn essen müssen Sie sowieso, dreimal am Tag. Ja,
dann essen Sie doch so!

**Beispiel**:

- Frühstück. Nehmen Sie Hüttenkäse, Cottage Cheese wie die
  Amerikaner; eine halbe Stunde später Trauben oder anderes
  Obst, das wär's auch schon.

- Oder mittags: Fisch, aber nicht mit der Fettsauce, sondern ohne
  Fett, und eine halbe Stunde später ein Fruchteis oder eine Kalt-
  schale.

- Oder abends: Linsen. Linsen sind der optimale Eiweißlieferant.
  Also Linsen zum Abendessen, ohne Speck, mit Salat; und als
  Nachspeise Obstsalat, soviel Sie können.

  Weitere Anregungen können Sie der Tabelle im Anhang ab
  Seite 204 entnehmen.

# Spurenelemente – ein Strauß schöner Blumen

Und der zweite Diamant, liebe Leserin, lieber Leser: Bio-Katalysatoren, noch viel wichtiger. In Ihrer Sprache: Vitamine, Mineralien,
Spurenelemente. Hier möchte ich nur das letzte Wort herausgreifen:
Spurenelemente. Bei Vitaminen wissen Sie alle Bescheid, Minerali-
en kennen Sie. Aber Spurenelemente, wer kennt sich denn da schon
aus? **Wir sind hier an der vordersten Front der medizinischen
Forschung.** Es werden pro Woche in Fachzeitschriften Dutzende neue
Artikel über Spurenelemente publiziert. Man beschäftigt sich zuneh-
mend mit dem mysteriösen Begriff „Spurenelemente". Meine angeblich außergewöhnliche sportliche Leistung verdanke ich diesem
Geheimnis, und ich möchte versuchen, Ihnen das ein kleines bißchen näherzubringen.

---

**Wirkung von chemischen Elementen auf den Organismus**

| *bekannt* | *nicht bekannt* | *toxisch* |
|---|---|---|
| Chrom | Aluminium | Antimon |
| Eisen | Barium | Arsen |
| Fluor | Beryllium | Blei |
| Jod | Bor | Cadmium |
| Kobalt | Brom | Quecksilber |
| Kupfer | Caesium | Seltene Erden |
| Mangan | Edelgase | Thallium |
| Molybdän | Gold | |
| Nickel | Lithium | |
| Selen | Platinmetalle | |
| Vanadium | Rubidium | |
| Zink | Silber | |
| Zinn | Silicium | |
| | Strontium | |
| | Tellur | |
| | Titan | |

---

Ganz bewußt zeige ich Ihnen hier eine Tabelle, damit Sie sich gar nicht mehr auskennen. Nehmen Sie nur einmal die linke Spalte: Ja, du meine Güte: Nickel, Selen, Vanadium, Mangan, Kupfer ... Was soll man denn noch alles lernen? Ich möchte versuchen, Ihnen diese undurchsichtigen Wörter, die Ihnen vermutlich gar nichts sagen, zu übersetzen – zu übersetzen in Gefühle. Für mich sind Spurenelemente zu einem Strauß voll Blumen geworden. Ich versuche, damit umzugehen. Sie haben mein Leben verändert.

**Zink – die innere Power**

Nehmen Sie einmal das Wort Zink. Zink ist ... na ja, der verzinkte Audi oder die verzinkte Badewanne, und dann hört's eigentlich schon auf. Zink, habe ich gelernt an der Universität, braucht der Mensch für ein gesundes Immunsystem. So richtig verstanden hatte ich das ja nicht. Wieso braucht man Zink für ein gesundes Immunsystem? Nun, Zink ist der entscheidende Stoff, der gegessenes Eiweiß in Ihr Eiweiß umwandelt. Das ist nämlich nicht selbstverständlich: Was ich esse, werde ich. Es muß erst katalysiert werden, und das macht Zink.

Als ich dann gelernt habe, daß unser Immunsystem Reineiweiß ist – 1,5 Kilogramm Eiweiß –, da endlich hatte ich es verstanden. Mit viel Zink verwandeln Sie das Eiweiß in Ihr Immunsystem. Darum finden Sie Annoncen in jeder Zeitschrift: „**Zinkbrause gegen Virusgrippe.**" Und die Leute haben recht damit. Das stimmt. Tja, und da habe ich plötzlich Penatencreme verstanden. Penatencreme ist **Zinkcreme**, gar nichts weiter. Wann gibt man Penatencreme? Wenn die Haut entzündet, rauh, aufgesprungen ist. Die Haut ist ein Organ mit einer „High-Turn-Overrate". Da wird ganz schnell neues Eiweiß gebildet, neue Zellen gebildet. Und wenn Sie Zinkcreme daraufgeben, heilt's schneller ab.

Irgendwann habe ich einen Artikel gelesen, in dem erklärt wurde, **wieso die russischen Turnerinnen immer die olympischen Goldmedaillen bekommen.** Ist Ihnen bestimmt auch schon aufgefallen, daß die Turnerinnen aus den Ostblockländern immer kleiner, immer leichter als die Konkurrenten sind. Die schauen aus wie acht Jahre, haben aber einen Paß mit 16. In diesem Artikel wird ganz genau erklärt, wie man das macht. Man ernährt die armen kleinen Mädchen zinkarm. Dann können sie das Gegessene nicht in ihre Körpersubstanz umwandeln. Und da bleiben sie klein.

In mir läuft bei solchen Informationen unmittelbar ein Film ab. Wenn ich etwas Negatives höre, meine ich sofort: Kann ich das ins Positive umwandeln? Und das kann ich. Bei mir daheim hüpft ein Töchterlein herum, acht Jahre alt und lustig ... na ja, und mir ist sie zu klein. Ich habe da halt so Vorstellungen. Jetzt bekommt sie Zink, und sie schießt in die Höhe.

Früher hatte ich immer gedacht, Körpersubstanz aufbauen, das ist doch die Domäne des Testosteron, des männlichen Keimdrüsenhormons. Testosteron ist das Hormon, das den Körper, den Muskel aufbaut. Das weiß jeder Bodybuilder, die spritzen sich es ja genau aus diesem Grunde.

Doch Testosteron, liebe Leserin, lieber Leser, macht nicht nur das, wovon die Männer immer träumen, sondern Testosteron bewirkt noch etwas ganz anderes. Und das geht Sie alle an, denn das gilt genauso für die Frau. Sie hat

| **Zink** |
| --- |
| • Immunsystem |
| • Haut, Haare |
| • Testosteron |

auch Testosteron im Körper, natürlich einen tieferen Spiegel; aber in dem Normbereich hat's die gleiche Wirkung, nämlich innere Power, inneren Antrieb. Dieses Wollen, das ist Testosteron.

Beispiel: Sie arbeiten von früh sieben bis abends sieben. Sie haben keine Zeit, mittags zu essen, Sie sind abends rechtschaffen müde, Sie wollen nach Hause. Und jetzt kommen drei Geschäftskollegen, und Sie müssen leider noch mit ihnen essen gehen. Es bleibt Ihnen nichts anderes übrig, denn es ist Ihr Geschäft. Das kennen Sie. Und um elf sagt einer von den dreien: „Jetzt gehen wir noch in die Bar." Und Sie müssen mit, es ist Ihr Geschäft.

Und um eins sagt einer von ihnen: „Hopp, was machen wir denn jetzt noch?" Also, Sie könnten ihn ja ... Es fallen Ihnen die Augendeckel zu, Sie können nicht mehr denken, Sie wissen, Sie müssen morgen um sechs wieder raus. Sie sind müde, und der sagt: „Hopp, was machen wir denn jetzt noch?"

Der hat einen hohen Testosteronspiegel und Sie einen tiefen, das ist der ganze Unterschied. **Testosteron ist die innere Power, ist der Antrieb**, wenn Sie abends um zehn den Aktenberg auf Ihrem Schreibtisch auch noch aufarbeiten. Das ist Testosteron. Sehen Sie, das habe ich als Student schon gewußt. Da habe ich meine Professoren gefragt: „Ja, kann man das irgendwie regulieren, nach oben regulieren?" Und da haben sie geantwortet: „Geht nicht. Müssen Sie spritzen." Na ja, wer wird das tun?

Nein, es geht ganz einfach: Zink und Eiweiß, und Ihr Testosteron geht hoch. Das wissen ganze Völker. Sie kennen diese Witze, Sie lachen darüber, über die Austern. Austern sind Zink und Reineiweiß.

Sehen Sie, jetzt habe ich das Wort Zink – vormals verzinkte Badewanne – übersetzt in ein Gefühl, welches Sie vielleicht gerne hätten. Ein bißchen mehr inneren Antrieb, früh beim Aufstehen oder abends, wenn man eigentlich müde wird – das ist Zink.

### Selen – die Leichtigkeit des Seins

Ich nehme ein zweites Wort heraus aus dieser langen Liste der Spurenelemente: Selen. Selen, das lernt man ja heute schon als Laie in der medizinischen Fachpresse, die Ihnen zugänglich ist – also in *Vogue*, *Madame* und *Elle* –, da lesen Sie nach: „Selen braucht der Mensch gegen Krebs."

So etwas habe ich mir auch angehört, habe es nie geglaubt. Was soll das, so ein Metall und Krebs? Bis wir gelernt haben: In China gibt es eine Region, die heißt Keschan. Dort ist kein Selen im Boden enthalten, und da sterben die 16jährigen an Krebs und die 18jährigen an Herzmuskelerweichung. Das nennt man die Keschan-Krankheit. Und seither glaube ich, daß wir Selen brauchen als Abwehr gegen beispielsweise Krebs.

Eines Tages habe ich einmal meine ganzen Sportler durchgemessen. Ich wollte wissen, was für einen Selenspiegel die haben. Die Sportler hatten die gleichen wie jedermann in Deutschland, so grob 70, manche hatten 80. Außer einem Dutzend. Und dieses Dutzend Sportler waren genau die, die immer gewonnen haben. Das waren die Winner, die, von denen man immer gewußt hat: „Jetzt, die machen das Spiel wieder." Diese Sportler hatten einen Spiegel von 200. Sie hatten dreimal soviel Selen im Blut, verglichen mit mir, mit Ihnen, den normalen Sportlern. Ja, da wurde ich stutzig. Ich las nach und fand: nichts.

Da habe ich es halt mal selbst gegessen. Vorher hatte ich 70, genau wie Sie. Dann habe ich den Selenspiegel einmal auf 170 angehoben. 200 hatten die Sportler, ich hatte 170, und da habe ich sie verstanden. Schlagartig, von einem Tag auf den anderen. Ich übersetze Ihnen Selen mit innerer Dynamik, mit der Leichtigkeit des Seins. Mit diesem Hüpfgefühl, wenn man durchs Leben springt und sich freut. Sehen Sie, das ist Selen bei mir gewesen.

> **Selen**
>
> • Antioxidans in der Zelle
> • innere Dynamik

Na ja, können Sie sagen, das ist eine Ausnahme. Sie sind sowieso immer gut gelaunt usw. Daraufhin führt man ein Kontrollexperiment durch. Wie macht man das? Man nimmt seine Frau ... Jedenfalls hat sie es brav genommen, hat ihren Selenspiegel angehoben.

Wissen Sie, meine Frau war 16, als ich sie kennengelernt habe. Mit 16 war sie ein Mensch, der durchs Leben auf einem Bein gehüpft ist. Beim Einkaufen immer gesummt und geträllert ... Sie war einfach so, und das hat mein Herz erfreut. Und irgendwann hat sie mich geheiratet, und auf einmal wurde sie ganz anders, so ruhig und gesetzt ... Ja, wenn man's schriftlich hat – Sie kennen das.

Jetzt nahm sie das Selen, und plötzlich war sie wieder 16. Sie war wieder die alte, genau so, wie ich sie gekannt habe: lustig, hüpferig, springend ... Früh, wenn ich aus dem Haus gehe, da hüpft sie mir hinterher, barfuß im Nachthemd und freut sich ...

Der normale Deutsche mit 30 steht in der Haustür und sagt: „Küßchen, Schatz. Schönen Tag." Das ist kein Wunder, **denn Deutschland ist auf der Selen-Weltkarte ein weißer Fleck**, sagt die Weltgesundheitsorganisation WHO. Die Gletscher wuschen vor 40.000 Jahren Jod und Selen aus dem Boden heraus. Und das kostet die Deutschen Leichtigkeit und innere Dynamik. Vielleicht sollten Sie sich doch einmal um Ihren Selenspiegel kümmern ...

## Mangan – volle Energie

Noch so ein kleiner Tip: Nehmen wir einmal das Wort Mangan. Das sagt den meisten von Ihnen überhaupt nichts. Mangan ist im Boden enthalten. Deshalb haben alle Knollen viel Mangan, also Radieschen, Schwarzwurz, auch das Korn. Mangan schützt die Telomere – die Endstücke der Chromosomen, die durch jede Zellteilung abgenützt werden – und verlängert damit das Leben. Bei Ratten ist diese Wirkung bewiesen, bei Menschen erhofft man das.

| Mangan |
| --- |
| • Kohlenhydrat-Stoffwechsel |
| • Testosteron |

Aber Mangan vermag noch mehr. Ihr Manganspiegel verläuft direkt proportional mit Ihrem Testosteronspiegel, also mit Ihrer inneren Power, mit Ihrer inneren Stärke, mit der Energie, von der Sie leben. Sie sind doch bereits erfolgreich; Sie wollen einfach nur mehr, und davon rede ich: mehr, aber mit Leichtigkeit. Kennen Sie Ihren Manganspiegel? Haben Sie ihn jemals messen lassen? Kennen Sie Ihren Testosteronspiegel? Sie ahnen ja nun, welche Bedeutung diese Werte für Ihr Leben haben.

## Chrom – beschleunigt Ihre Fettverbrennung

Abschließend das Wort „Chrom": Auch so etwas völlig Anonymes. Chrom – woran denkt man da ... ja nun, was Verchromtes, vielleicht verchromtes Haushaltsgeschirr oder die verchromte Stoßstange.

Es sollte Ihnen gelingen, täglich ca. 100 Mikrogramm Chrom zu sich zu nehmen – das fordert die amerikanische Gesundheitsbehörde – Sie tun es aber nicht. Sie nehmen täglich nur 15 Mikrogramm zu sich, im Schnitt. Bei 100 Mikrogramm würde sich Ihre Verbrennung um den Faktor 4 beschleunigen. Ohne daß Sie etwas tun. Da können Sie das ganze Laufen täglich vergessen. Sie würden einfach so abnehmen – nur mit Chrom.

Wir wissen das von Zuckerkranken. Chrom verhindert die Insulinresistenz. Zuckerkranke können deshalb nicht abnehmen, weil sie zuviel Insulin haben. Und das Insulin wirft Ihnen das Fett in die Zellen und versiegelt die Zellen. Die Zuckerkranken haben keine Chance abzunehmen, es geht halt nicht. Kaum nehmen sie Chrom, verschwindet die Insulinresistenz, der Insulinspiegel sinkt, und sie nehmen ab.

| Chrom |
| --- |
| • Fettverbrennung |

Die amerikanische Gesundheitsbehörde sagt völlig zu Recht: 90% der Amerikaner haben zuwenig von diesem Chrom. Und im gleichen Artikel steht: In Deutschland gibt es keine vergleichbaren Studien. Wundert mich gar nicht ...

# Was essen Sie?

Jetzt machen wir einen Strich, denn ich kenne doch Ihre Gedanken. Sie denken: „Ja, toll, faszinierend. Sollte ich auch mal versuchen. Aber, wie geht das denn praktisch? Soll ich nun in die Apotheke gehen und soll mir – was hat er geschrieben? – Zink und Selen und Chrom und Mangan und dazu noch Magnesium ... ?"

Liebe Leserin, lieber Leser, ich hatte einmal eine Schublade, die habe ich aufgemacht, und ich kam mir vor wie im Altersheim. Ja, Sie haben völlig recht, so geht's nicht.

Nein, diese ganzen Zauberstoffe – sagen Sie nie mehr Spurenelemente, sagen Sie Zauberstoffe! – sind selbstverständlich in der Nahrung enthalten. Ach so, sagen Sie und verstehen spontan, warum es Ihnen nach dem Sauerbraten mit drei Klößen und fettiger Sauce plötzlich so leicht wird, Sie dieses Hüpfegefühl bekommen. Sie verstehen, warum Sie beim Schweinebraten mit fünf Kartoffeln und Ihrem Specksalat unmittelbar diese innere Power entwickeln und diese Kreativität ...

Darf ich Ihnen einmal die Rolle der Hausfrau aus meiner Sicht definieren? Die deutsche Hausfrau steht täglich brav in der Küche und befreit die Nahrung von diesen Zauberstoffen – sehr effektiv und sorgfältig –, und den übriggebliebenen Müll verfüttert sie ihrem Ehemann und wundert sich, wenn die Nacht so verläuft, wie sie verläuft.

Haben Sie das verstanden? Nehmen Sie doch einmal einen Blumenkohl, gerade weil es ein so abschreckendes Beispiel ist. Der Blumenkohl ist voll mit Spurenelementen, mit Zink und Mangan und Kobalt usw. ... da ist alles drin, jedes Vitamin haben Sie im Blumenkohl. Essen Sie den Blumenkohl? Nein, Sie stecken den Blumenkohl in einen Topf, dazu zwei Liter Wasser, dann kochen Sie das Ganze, Sie erhitzen es auf 100°C. Sie wissen doch aus der Volksschule, daß praktisch jedes Vitamin bei 80°C stirbt.

Interessanterweise ist in dem Blumenkohl auch immer eine Prise Dioxin, das können wir nicht verhindern. Dieses Dioxin würde auch in der Hitze sterben, aber erst bei 1200 °C. So weit erhitzen wir's nicht. Wir sind da sehr selektiv.

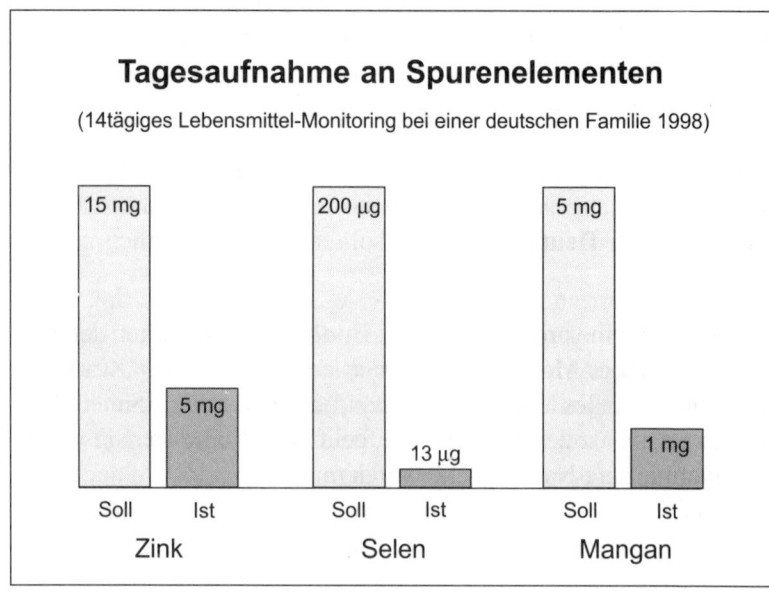

### Tagesaufnahme an Spurenelementen

(14tägiges Lebensmittel-Monitoring bei einer deutschen Familie 1998)

| | Zink | | Selen | | Mangan |
|---|---|---|---|---|---|
| Soll | 15 mg | Soll | 200 µg | Soll | 5 mg |
| Ist | 5 mg | Ist | 13 µg | Ist | 1 mg |

Also, die Vitamine können wir vergessen. Die Spurenelemente werden zwar durch die Hitze nicht getötet, das stimmt schon, aber die geraten zur Hälfte ins Kochwasser, und das schütten wir weg. Und was Sie auch wissen sollten: Wenn Sie so etwas wie Selen erhitzen, wird es zu Selenoxid, und das nimmt Ihr Darm gar nicht mehr auf, das existiert für Sie gar nicht mehr.

Merken Sie, was Sie tun jeden Tag? Das Resultat haben wir in einer Studie in diesem Jahr nachlesen können, wir Ärzte, auch mit Augenreiben, ganz ungläubig. In Freiburg hat man einmal eine vierköpfige Familie 14 Tage lang verfolgt. Was ißt eine deutsche Familie denn? Man hat das Gleiche gekauft und hat's extrahiert. Schauen Sie einmal die Zinkaufnahme dieser Familie, hier 1998 in Deutschland, das Ist und das Soll. Und dann wundern Sie sich über Ihre innere Power, die Sie den ganzen Tag haben. Oder nehmen Sie die Selenaufnahme, die innere Leichtigkeit, das Hüpfegefühl. Dunkelgrau sehen Sie, was diese Familie bekommen hat, und hellgrau ist das, was die Weltgesundheitsorganisation für richtig erachtet. Ein ganz kleiner Unterschied. Oder nehmen Sie mal Mangan, wieder Ihr Testosteron. Das sind die **derzeitigen Fakten in Deutschland**, das sollten wir uns wirklich einmal klarmachen.

| **Vom Vollkorn zum Weißmehl – das geht verloren:** | |
| --- | --- |
| • Zink | 78% |
| • Magnesium | 85% |
| • Calcium | 60% |
| • Kalium | 77% |
| • Eisen | 76% |
| • Chrom | 40% |
| • Phosphor | 71% |
| • Mangan | 86% |
| • Kupfer | 68% |

Oder vor kurzem veröffentlicht vom Bundesgesundheitsamt: Mehl – wenn Sie **weißes Mehl** herstellen, verlieren Sie 78% des Zinks aus dem Korn – weißes Mehl, wohlverstanden, nicht Vollkornmehl. Magnesium, das Salz der inneren Ruhe, geht zu 85% verloren. D.h., wir behandeln unsere Nahrung und wundern uns ...

## Essen Sie Leben

Sie kommen aus dieser Falle heraus, wenn Sie verstehen, daß es sich nicht um anonyme Worte handelt: Mangan, Chrom und Zink. Das sind Zauberstoffe, mit denen ein Boris Becker sehr wohl umgehen kann oder ein Michael Schumacher. Das sind Zauberstoffe, die diese Leute zu Adlern macht, zu Menschen, die sich emporschwingen. Wenn Sie sich auch um

> In einem **Apfel** stecken
> 10 000 Wirkstoffe.
>
> Wir kennen 190.

diese Zauberstoffe kümmern wollen in Zukunft, in Ihrem Leben, gibt es nur einen guten Rat. Wohlgemerkt, es ist nur ein guter Rat. Sie können ihn annehmen oder Sie können es lassen.

Ab jetzt bitte essen Sie Leben. Sie ahnen, wie man es auch anders formulieren könnte. Sie essen ab heute Leben, das bedeutet z.B. einen **Apfel**. Wenn Sie den Apfel im Boden vergraben und haben eine Woche Zeit, was passiert? Da wächst etwas. Wissen Sie, was das heißt? In diesem Apfel muß alles drin sein, was Leben braucht, genug Zink, Chrom, Mangan ... Was machen Sie? Apfelkuchen. Nun, nehmen Sie mal Apfelkuchen, vergraben den und lassen ihm eine Woche Zeit.

Nur, so einfach ist es nun auch wieder nicht. Wir haben da immer so komische Rohkostideen. Sie könnten den Ärmel hochkrempeln, hineinfassen in das Wasserbassin, den zappelnden Fisch herausholen, ihm den Kopf abhacken, in feine Scheiben schneiden, Reis hineinwickeln und in den Mund stecken. Das nennen die Japaner **Sushi**. Die Japaner sind vielleicht nicht ganz blöd. Die essen Leben. Die Japaner haben die längste Lebenserwartung jedes zivilisierten Volkes, obwohl sie unbestritten die höchste Umweltbelastung haben. Trotzdem leben sie am längsten, länger als das deutsche Volk. Warum? Sie essen Leben.

Ich weiß genau, was Sie machen jeden Tag. Sie nehmen Ratten am Schwanz, tauchen die ins kochende Wasser, bis sie aufplatzen und stinken, und diese toten Ratten lassen Sie sich servieren. Ob Sie jetzt Ratte sagen oder Rind ... Ist auch nichts anderes. Bah, pfui, wie können Sie nur?

## Ein vernünftiger Kompromiß

Nein, nun einmal im Ernst. Ich bin ja auf Ihrer Seite. Ich sage Ihnen, ich kann's ja auch nicht. Ich vertrag kein rohes Fleisch, ich mag's halt nicht. Vielleicht tun Sie's hin und wieder: Sie essen Tartar oder Carpaccio. Dann sind Sie mir überlegen. Ich kann's jedenfalls nicht. Trotzdem meine ich, ich sollte einen Kompromiß vorschlagen, den ich mir gut überlegt habe:

Wenn es Ihnen gelingt, ab heute – ab heute! Schließlich geht es hier um Zauberstoffe! – wenn Sie ab heute mehr als zur Hälfte Leben essen, haben Sie gewonnen. **Wenigstens 50% Ihrer täglichen Kost sollte „lebendig" sein,** dann haben Sie gewonnen. Ich persönliche schaffe 80%. 20% meiner Nahrung ist Müll – das gebe ich zu, das ist mein Kompromiß.

Ich weiß, daß es Menschen gibt, die 100% Leben zu sich nehmen. Man könnte sich ja auch an denen orientieren, das heißt dann Benchmarking. Ich nenne mal einen. Der eine, von dem ich's weiß, der heißt Carl Lewis. Carl Lewis ist irgend so ein 100-Meter-Läufer. Er ist ein merkwürdiger Mensch. Er hat einmal eine Goldmedaille gewonnen bei den Olympischen Spielen. Das geht ja noch. Vier Jahre später hat er wieder eine gewonnen. Hm. Vier Jahre später hat er wieder eine gewonnen. Hm? Vier Jahre später hat er wieder eine gewonnen ... und warten Sie noch mal zwei Jahre, dann bekommt er wieder eine. Das ist noch nie passiert.

> **Kompromiß:**
> Essen Sie 50% Leben.

Wissen Sie, was das hieße in Ihre Sprache übersetzt, in Ihrem Beruf? Für Sie heißt das, der Herr macht was richtig. Wenn Sie in Ihrem Beruf, Jahr um Jahr um Jahr, der Weltmeister sind, führend sind, dann machen Sie unbestritten etwas richtig.

So, und man könnte ihn doch mal fragen: „Herr Lewis, was essen Sie?" Das hat man getan. Und Lewis sagte mit einem Lächeln: „Ich hab's ganz leicht. Ich esse nur zwei Dinge: 1. Rohen Fisch. 2. Obst." Punkt.

Ich weiß, ich weiß, in unseren Seminaren sitzen oft studierte Menschen, Menschen, die Ernährung studiert haben – das habe ich nicht – die heißen Dipl. Oec. Troph. Die argumentieren und vergessen dabei, daß ich die gleichen Bücher lese. Dann pflege ich zu fragen: „Haben Sie eine Goldmedaille?" Die Antwort heißt in der Regel: „Nein." Dann sage ich: „Sehen Sie."

## Trinken Sie Leben

Der zweite Satz heißt: Trinken Sie Leben. Was heißt denn das? Nun, nehmen Sie Bohnen, werfen Sie sie in ein Glas **Wasser**, und warten Sie drei Tage – die Bohne keimt. Das bedeutet: Wasser ist mit Leben vereinbar. Sie glauben, das ist banal? Warten Sie einen Moment.

Diese Bohne, die wächst auch in Apollinaris, in Mineralwasser. Die wächst auch in Blümchentee, die wächst auch in Bodenkaffee – also, wenn Sie in die Tasse reingucken und sehen den Boden, dann ist das ein Bodenkaffee; so etwas bekommen Sie in den USA – da wächst sie auch. In Espresso nicht. Diese Bohne ist tot in Bier, Schnaps, Wein. Alkohol ist mit Leben nicht vereinbar. Sehen Sie, das ist für *mich* banal.

Ich weiß das noch aus meiner Zeit als Assistent im Operationssaal, da haben wir Alkohol genommen, um zu desinfizieren, um Viecher totzumachen. Dafür ist Alkohol gut: Viecher totmachen. Ich kenne Ihre Argumente, ich weiß das alles. „Herr Doktor, Sie sind ja weltfremd. In was für einer Welt leben Sie denn? Ich bin Geschäftsmann, ich habe Geschäftsessen, da kann ich mich nicht hinstellen und sagen: ,Ich hätte gern ein Mineralwasser oder so ähnlich.' Das geht nicht!" Stimmt.

Ein Immobilienmakler aus Nürnberg hat mir das einmal vorgeworfen. Er hat mir gesagt: „Ich mache Geschäfte mit Siemens Erlangen. Und nach Vertragsunterzeichnung wird gepflegt angestoßen. Da kann ich mich nicht hinstellen: ‚Mir bitte Leben, ein Mineralwasser, hat mir mein Doktor geraten.‘ Da bin ich out, da gehöre ich nicht mehr zur Gemeinschaft, da bekomme ich keinen Vertrag mehr."

Recht hat er. Wer nein sagt im Leben, hat verloren. Also haben wir ein Ja draus gemacht. Wir haben geübt. Er konnte Englisch, ich liebe Loriot, und so haben wir geübt. Das nächste Mal hat er verlangt: „Ach bitte schön, haben Sie wohl Ty Nant Original Springwater aus Lampeter in Mittelwales?" Das ist verhältnismäßig teuer. Das kostet pro Kubikmeter 16.000 DM. Ein Kubikmeter Trinkwasser kostet drei oder zwei DM. Ty Nant Original Spring-water aus Lampeter in Mittelwales ist halt etwas Besonderes. Das hatten die zunächst nicht. Vier Wochen später hatten sie es dann, auch heute noch.

| Sie sind Elite! |
| Sie trinken |
| • Ty Nant Original Springwater aus Lampeter in Mittelwales |
| (Kubikmeter: 16.000 DM) |

Haben Sie den Trick verstanden? Der Mann hat sich nicht entschuldigt dafür, daß er vernünftig lebt, wie Sie es immer tun. Er ist nach vorne gepfescht, er hat angegriffen, er hat was verlangt. Der ist plötzlich der elitäre, arrogante Mensch, für den der Cognac Heinz für 600 DM die Flasche viel zu billig ist. Und für den der Jahrgangschampagner für 800 DM die Flasche ein billiges Gesöff ist. Der trinkt nur die wirklich wertvollen Sachen, der trinkt – und das werden Sie bitte ab jetzt auch tun – nur noch Ty Nant Original Springwater aus Lampeter in Mittelwales.

# Die Speicher auffüllen

Lassen Sie mich noch einige Zeilen für die Praxis verwenden. Natürlich ahnen Sie die Falle. Wenn Sie die letzten 30 Jahre nicht so gelebt haben, dann haben Sie ein Defizit im Körper. Und um dieses abzubauen, brauchen Sie wieder 30 Jahre – bei einer vernünftigen Lebensweise. Deshalb muß man erst einmal schnell die Speicher auffüllen. Das ist die Berechtigung für alle **Multi-Vitamin-Präparate**, das ist die Berechtigung des **Vitaldrinks**. Füllen Sie sechs bis acht Wochen lang Ihre Speicher auf – und beginnen Sie dann, Leben zu essen und zu trinken.

Liebe Leserin, lieber Leser, Adler haben drei Geheimnisse. Das erste heißt Bewegung im Sauerstoffüberschuß. Das zweite Geheimnis sind Aminosäuren, in unserer Sprache: Eiweiß mal ohne Fett. Und das dritte Geheimnis: Leben essen und trinken.

Tun Sie's auch. Täglich. Lernen Sie, nicht mehr als Ameise durchs Leben zu krabbeln, sondern als Adler abzuheben, zu fliegen, Überblick zu haben – zu gewinnen.

Herzlichst

Ihr

# ANHANG

# Tätigkeits-Liste

## zur Technik: So können Sie Ihre persönlichen Stärken systematisch analysieren

Eine genaue Anleitung für diese Vier-Schritt-Inventur finden Sie im Beitrag von Vera F. Birkenbihl auf den Seiten 64 bis 66.

achtsam beobachten/
   hören/lesen
               *100%*                *0%*

ahnen
               *100%*                *0%*

analysieren
               *100%*                *0%*

aufstehen
               *100%*                *0%*

backen
               *100%*                *0%*

Ball spielen
               *100%*                *0%*

befehlen
               *100%*                *0%*

benehmen (gut)
               *100%*                *0%*

bewegen
               *100%*                *0%*

braten
               *100%*                *0%*

Buchhaltung

100%                    0%

denken, analytisch

100%                    0%

denken, Fragen finden

100%                    0%

denken, kreativ

100%                    0%

dirigieren

100%                    0%

Entscheidungen treffen

100%                    0%

essen

100%                    0%

fahren

100%                    0%

fallen

100%                    0%

fangen

100%                    0%

fechten

100%                    0%

finden

100%                    0%

flechten

100%                    0%

fliegen

100%                    0%

fliehen

100%                 0%

fließen

100%                 0%

fragen

100%                 0%

frieren

100%                 0%

gärtnern

100%                 0%

gebären

100%                 0%

geben

100%                 0%

Gedichte vortragen

100%                 0%

gehen

100%                 0%

genesen

100%                 0%

genießen

100%                 0%

Geschichten erfinden

100%                 0%

gewinnen

100%                 0%

gießen

100%                 0%

gleiten

| 100% | 0% |
|------|-----|

graben

| 100% | 0% |
|------|-----|

greifen

| 100% | 0% |
|------|-----|

grillen

| 100% | 0% |
|------|-----|

Gruppen leiten

| 100% | 0% |
|------|-----|

hauen

| 100% | 0% |
|------|-----|

heben

| 100% | 0% |
|------|-----|

heilen

| 100% | 0% |
|------|-----|

helfen

| 100% | 0% |
|------|-----|

inline-skaten

| 100% | 0% |
|------|-----|

joggen

| 100% | 0% |
|------|-----|

kämmen

| 100% | 0% |
|------|-----|

kennen (z.B. Menschen)

| 100% | 0% |
|------|-----|

klimmen

| 100% | 0% |
|------|-----|

Tätigkeits-Liste siehe Seite 64 bis 66

klingen

100%　　　　　　　　　　　　　　　　　0%

kochen

100%　　　　　　　　　　　　　　　　　0%

kommunizieren

100%　　　　　　　　　　　　　　　　　0%

Konflikte lösen

100%　　　　　　　　　　　　　　　　　0%

kreative Ideen entwickeln

100%　　　　　　　　　　　　　　　　　0%

(als) Kritiker/in wirken

100%　　　　　　　　　　　　　　　　　0%

kriechen

100%　　　　　　　　　　　　　　　　　0%

laden

100%　　　　　　　　　　　　　　　　　0%

lassen (z.B. andere sein
　　lassen ohne Kritik)

100%　　　　　　　　　　　　　　　　　0%

laufen

100%　　　　　　　　　　　　　　　　　0%

lehren

100%　　　　　　　　　　　　　　　　　0%

lernen

100%　　　　　　　　　　　　　　　　　0%

lesen

100%　　　　　　　　　　　　　　　　　0%

liegen

100%　　　　　　　　　　　　　　　　　0%

lügen

100%             0%

mahlen

100%             0%

malen

100%             0%

Marathron laufen

100%             0%

melken

100%             0%

Menschen führen

100%             0%

messen

100%             0%

modellieren

100%             0%

mögen

100%             0%

sich

100%             0%

andere

100%             0%

musizieren

100%             0%

müssen

100%             0%

nennen

100%             0%

Pantomime (spielen)    |—————————————————|
                       100%                    0%

pfeifen    |—————————————————|
           100%                    0%

pflegen    |—————————————————|
           100%                    0%

preisen    |—————————————————|
           100%                    0%

Probleme lösen    |—————————————————|
                  100%                    0%

Quellenstudium    |—————————————————|
                  100%                    0%

radfahren    |—————————————————|
             100%                    0%

(Rätsel) raten    |—————————————————|
                  100%                    0%

rechnen    |—————————————————|
           100%                    0%

reiben    |—————————————————|
          100%                    0%

reißen    |—————————————————|
          100%                    0%

reiten    |—————————————————|
          100%                    0%

rennen    |—————————————————|
          100%                    0%

riechen    |—————————————————|
           100%                    0%

ringen

| 100% | 0% |
|------|-----|

rufen

| 100% | 0% |
|------|-----|

etwas schaffen, auch bei
  Problemen

| 100% | 0% |
|------|-----|

scheinen

| 100% | 0% |
|------|-----|

schelten

| 100% | 0% |
|------|-----|

scheren

| 100% | 0% |
|------|-----|

schieben

| 100% | 0% |
|------|-----|

schießen

| 100% | 0% |
|------|-----|

schinden

| 100% | 0% |
|------|-----|

sich

| 100% | 0% |
|------|-----|

andere

| 100% | 0% |
|------|-----|

schlafen

| 100% | 0% |
|------|-----|

schlagen

| 100% | 0% |
|------|-----|

schleichen

| 100% | 0% |
|------|-----|

schleifen

100%                             0%

schließen

100%                             0%

schlingen

100%                             0%

schmelzen

100%                             0%

schneiden

100%                             0%

schrecken

100%                             0%

schreiben

100%                             0%

schreien

100%                             0%

schreiben, handschriftlich

100%                             0%

schreiben, formulieren

100%                             0%

schreiten

100%                             0%

schweigen

100%                             0%

schwimmen

100%                             0%

schwinden

100%                             0%

schwingen

| 100% | 0% |
|------|-----|

sehen

| 100% | 0% |
|------|-----|

sein

| 100% | 0% |
|------|-----|

senden

| 100% | 0% |
|------|-----|

siegen

| 100% | 0% |
|------|-----|

singen

| 100% | 0% |
|------|-----|

sinken

| 100% | 0% |
|------|-----|

sinnen

| 100% | 0% |
|------|-----|

sitzen

| 100% | 0% |
|------|-----|

skifahren

| 100% | 0% |
|------|-----|

spalten

| 100% | 0% |
|------|-----|

spielen

| 100% | 0% |
|------|-----|

spinnen

| 100% | 0% |
|------|-----|

sprechen

| 100% | 0% |
|------|-----|

springen

| 100% | 0% |

stehen

| 100% | 0% |

steigen

| 100% | 0% |

stieben

| 100% | 0% |

stinken

| 100% | 0% |

stoßen

| 100% | 0% |

streichen

| 100% | 0% |

streiten

| 100% | 0% |

suchen

| 100% | 0% |

surfen

| 100% | 0% |

tapezieren

| 100% | 0% |

tanzen

| 100% | 0% |

tauchen

| 100% | 0% |

Tennis spielen

| 100% | 0% |

Theater spielen

| 100% | 0% |
|------|-----|

töpfern

| 100% | 0% |
|------|-----|

tolerant sein

| 100% | 0% |
|------|-----|

tragen

| 100% | 0% |
|------|-----|

trainieren

| 100% | 0% |
|------|-----|

treffen

| 100% | 0% |
|------|-----|

treiben

| 100% | 0% |
|------|-----|

treten

| 100% | 0% |
|------|-----|

trinken

| 100% | 0% |
|------|-----|

tun (d.h. handeln)

| 100% | 0% |
|------|-----|

vergessen

| 100% | 0% |
|------|-----|

verhandeln

| 100% | 0% |
|------|-----|

verkaufen

| 100% | 0% |
|------|-----|

verlieren

| 100% | 0% |
|------|-----|

vorlesen (rezitieren)

    100%                            0%

wachsen

    100%                            0%

wägen

    100%                            0%

waschen

    100%                            0%

weben

    100%                            0%

werfen

    100%                            0%

weichen

    100%                            0%

weisen

    100%                            0%

wenden

    100%                            0%

werben

    100%                            0%

werfen

    100%                            0%

wiegen

    100%                            0%

winden

    100%                            0%

winken

    100%                            0%

wissen

100%                  0%

wollen

100%                   0%

würzen

100%                   0%

Zahlen analysieren

100%                   0%

(mit) Zahlen umgehen

100%                   0%

zeichnen

100%                   0%

ziehen

100%                   0%

zwingen

100%                   0%

_____

100%                   0%

_____

100%                   0%

_____

100%                   0%

_____

100%                   0%

_____

100%                   0%

_____

100%                   0%

_____
100%                                              0%

_____
100%                                              0%

_____
100%                                              0%

_____
100%                                              0%

_____
100%                                              0%

_____
100%                                              0%

_____
100%                                              0%

_____
100%                                              0%

_____
100%                                              0%

_____
100%                                              0%

_____
100%                                              0%

_____
100%                                              0%

_____
100%                                              0%

_____
100%                                              0%

_____     ├─────────────────────────────┤
                             100%                          0%

_____     ├─────────────────────────────┤
                             100%                          0%

_____     ├─────────────────────────────┤
                             100%                          0%

_____     ├─────────────────────────────┤
                             100%                          0%

_____     ├─────────────────────────────┤
                             100%                          0%

_____     ├─────────────────────────────┤
                             100%                          0%

_____     ├─────────────────────────────┤
                             100%                          0%

_____     ├─────────────────────────────┤
                             100%                          0%

_____     ├─────────────────────────────┤
                             100%                          0%

_____     ├─────────────────────────────┤
                             100%                          0%

_____     ├─────────────────────────────┤
                             100%                          0%

_____     ├─────────────────────────────┤
                             100%                          0%

_____     ├─────────────────────────────┤
                             100%                          0%

_____     ├─────────────────────────────┤
                             100%                          0%

# Test: Erkennen Sie Ihre Motivatoren

Erkennen Sie mit Hilfe des folgenden Tests Ihre Hauptmotivatoren.

**1. Schritt: Erinnern Sie sich an Ihre größten Erfolgserlebnisse**

Listen Sie mindestens fünf Situationen auf, in denen Sie über Ihre normalen Leistungen hinausgewachsen sind. Dabei geht es nicht darum, ob Sie absolute Spitzenleistungen auf einem Gebiet (z.B. Weltmeistertitel) errungen haben oder wie Sie im Verhältnis zu anderen abgeschnitten haben. Gefragt sind hier Situationen, in denen Sie über *Ihr* sonst übliches Maß hinausgewachsen sind. Es spielt dabei keine Rolle, ob diese Leistungen beruflicher oder privater Natur waren. Das Überwinden Ihrer persönlichen Leistungsgrenze in Ihrer Lieblingssportart ist genauso gemeint wie eine exzellente Präsentation im Job oder ein mitreißender Vortrag, den Sie in Ihrem Verein gehalten haben. Unerheblich ist auch, wie lange dieses Ereignis zurückliegt. Um ein möglichst klares Erinnerungsbild von diesem Ereignis zu erhalten, sollten Sie sich die einzelnen Phasen des Projekts genau ins Gedächtnis rufen.

▶  *Meine größten Erfolgserlebnisse:*

_____

_____

_____

_____

_____

_____

_____

**2. Schritt: Analysieren Sie eines Ihrer Erfolgserlebnisse**

Wählen Sie aus Ihrer Liste ein Erlebnis aus, für dessen Analyse Sie sich spontan interessieren. Schließen Sie die Augen, und lassen Sie das Ereignis vor Ihrem geistigen Auge ablaufen. Was haben Sie gesehen, gehört, gefühlt und getan? Verfolgen Sie das Ereignis als Darsteller, nicht als Beobachter. Konzentrieren Sie sich in Ihrem Erinnerungsprozeß auf folgende drei Komponenten:

a) Welche Eindrücke von diesem Ereignis hätte eine **Fernsehkamera** eingefangen?

▶ *Was höre ich und sehe ich?*

_____

_____

_____

b) Was hätte ein **Tonband von Ihrem inneren Dialog** festgehalten?

▶ *Was sage ich zu mir selbst in dieser Situation?*

_____

_____

_____

c) Wie genau kam es zu dieser ausgezeichneten Leistung (ähnlich **Rückblenden in einem Dokumentarfilm**)?

▶ *Welche entscheidenden Phasen gab es während der Vorbereitung?*

_____

_____

_____

**3. Schritt: Protokollieren Sie Ihre Erinnerung**

Notieren Sie Ihr Erlebnis in Stichworten. Je konkreter Sie werden, desto besser. Sie sollten in 20 Minuten mindestens 35 Erinnerungsstichwörter zu Papier bringen. Notieren Sie auch Nebensächlichkeiten, sie geben oft gute Hinweise auf Ihre Motivationsstruktur.

▶ *Mein Erfolgserlebnis in Stichworten:*

## 4. Schritt: Werten Sie Ihr Erinnerungsprotokoll aus

Nutzen Sie dabei die folgende Checkliste.

|  | *sehr wichtig* | *wichtig* | *nicht wichtig* |
|---|---|---|---|
| *Selbst in Aktion sein* | | | |
| *Es anderen gleichtun* | | | |
| *Erinnerungen an Erfolge/Mißerfolge* | | | |
| *Zukunftsperspektive* | | | |
| *Identifikation mit der Aufgabe* | | | |
| *Wohlgefühl, Eu-Streß* | | | |
| *Wettkampforientierung* | | | |
| *Allein arbeiten können* | | | |
| *Companionship* | | | |
| *Anerkennung* | | | |
| *Sachfeedback* | | | |
| *Herausforderung* | | | |
| *Gute Vorbereitung* | | | |

Nun haben Sie analysiert, welche Voraussetzungen Sie benötigen, um Ihre persönlichen Bestleistungen noch zu übertreffen. Sorgen Sie dafür, daß diese Hauptmotivatoren – Ihre persönlichen Startknöpfe – möglichst häufig aktiviert werden.

# Eiweiß mit wenig Fett

| | Fett% | Eiweiß% | | Fett% | Eiweiß% |
|---|---|---|---|---|---|
| **Fisch** | | | **Fleisch** | | |
| Forelle | 2,0 | 20,0 | Geflügel | 6,0 | 20,0 |
| Garnele | 1,8 | 18,0 | Kalbsfilet | 1,0 | 21,0 |
| Heilbutt | 2,0 | 20,0 | Rind, Keule | 8,0 | 20,0 |
| Kabeljau | 0,3 | 17,0 | Tartar | 4,0 | 20,0 |
| Seelachs | 0,3 | 17,0 | Wild | 3,0 | 21,0 |
| Schellfisch | 0,3 | 17,0 | | | |
| Steinbeißer | 4,4 | 22,0 | **Milchprodukte** | | |
| Rotbarsch | 3,6 | 18,0 | Buttermilch | 0,6 | 3,3 |
| | | | Magerjoghurt | 0,3 | 4,0 |
| **Pflanzen** | | | Magermilch | 0,3 | 3,3 |
| Bohnen, weiß | 2,0 | 22,0 | Hüttenkäse | 3,5 | 14,4 |
| Linsen | 1,0 | 23,0 | | | |

# Spurenelemente

Diese Tabelle umfaßt die wichtigsten Spurenelemente mit Beispielen für ihr natürliches Vorkommen.

**Chrom** – wesentlich für die Zucker- und Fettverwertung

| empfohlene Tageszufuhr: | 50 bis 200 µg |
|---|---|

Vorkommen (in µg/100 g):

| holländischer Käse | 95 |
|---|---|
| Weizenvollkornbrot | 49 |
| Kartoffeln | 33 |
| Blütenhonig | 29 |

**Eisen** – lebenswichtig für den Sauerstofftransport

| Tagesbedarf: | 1 mg/Tag |
|---|---|
| empfohlene Tageszufuhr: | 18 bis 22 mg |

Vorkommen (in mg/100 g):

| Kürbiskerne | 11,2 |
|---|---|
| Linsen | 7,5 |
| Haferflocken (Vollkorn) | 4,6 |
| Spinat | 4,1 |

**Fluor** – härtet Zähne und schützt so vor Karies

empfohlene Tageszufuhr: 1 mg

Vorkommen (in mg/100 g):
Walnüsse          0,68
Lachs, Salm       0,58
Roggenvollkornbrot 0,13

**Jod** – wichtig für die Schilddrüse und Ihre Funktion

empfohlene Tageszufuhr: 0,2 mg

Vorkommen (in mg/100 g):
Schellfisch       0,24
Krabben           0,13
Bergkäse (45%)    0,04

**Kobalt** – Baustein von Vitamin B12, wichtig für Eiweißaufbau

empfohlene Tageszufuhr: 5 bis 10 µg

Vorkommen (in µg/100 g):
Birne             15,0
Weißkohl          8,0
Kopfsalat         5,4
Brokkoli          5,0
Käse              1,0

**Kupfer** – hilft bei der Bildung von roten Blutkörperchen

empfohlene Tageszufuhr: 2 bis 4 mg

Vorkommen (in mg/100 g):
Sonnenblumenkerne 2,8
Weizenkleie       1,6
Zuckererbsen      1,0

**Mangan** – unterstützt die Abwehr von Krankheiten

empfohlene Tageszufuhr: 5 mg

Vorkommen (in mg/100 g):
Haselnüsse        5,7
Weizenvollkornbrot 2,3
Zuckererbsen      2,0

**Molybdän** – aktiviert Stoffwechselfunktionen

empfohlene Tageszufuhr: 150 bis 500 µg

Vorkommen (in µg/100 g):
Sojamehl, vollfett 180
Reis              80
grüne Erbsen      70
Mais              55

**Nickel** – verstärkt die Wirkung von Hormonen

empfohlene Tageszufuhr:      200 bis 500 µg

Vorkommen (in µg/100 g):

| | |
|---|---|
| Weizenvollkornbrot | 130 |
| Walnuß | 130 |
| Mais | 120 |
| holländischer Käse | 89 |

**Selen** – Schutzstoff mit vielfältiger Wirkung

empfohlene Tageszufuhr:      200 µg

Vorkommen (in µg/100 g):

| | |
|---|---|
| Kokosnuß | 810 |
| Steinpilz | 184 |
| Weizenvollkornbrot | 55 |
| Reis | 40 |

**Silicium** – sorgt für Elastizität der Blutgefäße

empfohlene Tageszufuhr:      20 bis 30 µg

Vorkommen (in µg/100 g):

| | |
|---|---|
| Schnittbohnen | 10 |
| Bananen | 8 |
| Lauch | 6 |

**Vanadium** – für Zähne und Knochen

empfohlene Tageszufuhr:      100 bis 300 µg

Vorkommen (in µg/100 g):

| | |
|---|---|
| Sonnenblumenöl | 41 |
| Olivenöl | 22,5-38 |
| Erdnußöl | 11,5 |

**Zink** – entscheidend für Aufbau von Körpereiweiß

empfohlene Tageszufuhr:      15 mg

Vorkommen (in mg/100 g):

| | |
|---|---|
| Weizenkleie | 13,3 |
| Kürbiskerne | 7,4 |
| Linsen | 5,0 |

# Literaturempfehlungen

BECK-Ratgeber: 100 Wege zu mehr Geld. Lexikon finanzieller
Vorteile. C.H. Beck, München 1997

BIRKENBIHL, Vera F.: Der Birkenbihl Power-Tag.
3. korrigierte Auflage, mvg, Landsberg 1999.

BIRKENBIHL, Vera F.: Freude durch Streß.
12. Auflage, mvg, Landsberg 1998.

BIRKENBIHL, Vera F.: Der persönliche Erfolg.
12. Auflage, mvg, Landsberg 1998.

BIRKENBIHL, Vera F.: Rhetorik. Redetraining für jeden Anlaß.
Urania Verlag, Berlin 1997.

BIRKENBIHL, Vera F.: Stroh im Kopf.
34. Auflage, mvg, Landsberg 1999.

CARLSON, Richard: Alles kein Problem.
Droemer, München 1998. Buch und Hörbuch.

CSIKSZENTMIHALYI, Mihaly: Flow – das Geheimnis des Glücks.
Klett-Cotta, 1992

DETHLEFSEN, Thorwald: Ödipus. Der Rätsellöser.
Goldmann, München 1990

DYER, Wayne: Der wunde Punkt. Die Kunst, nicht unglücklich zu
sein. Rowohlt Taschenbuch-Verlag, 1980. Buch und Hörbuch

EGLI, René: Das Lol²a-Prinzip. Ed. d'Olt, 1997

FONDSGUIDE Deutschland 1999. Th. Gabler, Wiesbaden 1998

HOFMANN, Inge, PRINZINGER, Roland: Das Geheimnis der
Lebensenergie. Wie wir länger jund und gesund bleiben. Campus
Verlag, Frankfurt/M. 1997

MATURANA, Humberto R. und VARELA, Francisco J.: Der Baum der Erkenntnis: Die biologischen Wurzeln des menschlichen Erkennens. Goldmann 1990

McCORMACK, Mark: Was Sie an der Harvard Business School nicht lernen. mvg, Landsberg 1991

de MELLO, Anthony: Der springende Punkt. Wach werden und glücklich sein. Herder, Freiburg, 1997

MEWES, Wolfgang, FRIEDRICH, Kerstin: Die Engpaß-konzentrierte Strategie (EKS). Fernkurs in 20 Lehrheften. EKS Die Strategie, Pfungstadt 1998

OBERBEIL, Klaus: Fit durch Vitamine. Südwest, München 1999

OBERBEIL, Klaus: Neugeboren durch Biostoffe. Südwest, München 1998

POE, Richard, WENGER, Win: Der Einstein-Faktor. Verlag für Angewandte Kinesiologie (VAK), 1997

RIES, Al, TRONT, Jack: Die 22 unumstößlichen Gebote im Marketing. Econ, Düsseldorf 1995.

SELIGMAN, Martin: Pessimisten küßt man nicht. Optimismus kann man lernen. Droemer, München 1993

SUINN, Richard: Übungsbuch für Mentales Training. Hans Huber Verlag, 1989

TRACY, Brian: Das Gewinner-Prinzip. Wege zur persönlichen Spitzenleistung. Th. Gabler, Wiesbaden, 1998. Buch und Hörbuch.

TRONT, Jack, RIVKIN, Steve: New Positioning: Das Neueste zur Business-Strategie Nr. 1. Econ, Düsseldorf 1996

WENGER, Win: Beyond Teaching & Learning. Projekt Renaissance, 1992

# Register

# Frei und mitreißend sprechen

**Vera F. Birkenbihl:**
**Rhetorik-Training**

Kassettenkurs auf
3 Kassetten,
4 Std. Laufzeit,
Begleitbuch
**DM 98,–**

## Durch Rhetorik-Training zum brillanten Redner

Lernen Sie mit diesen Kassetten jetzt sicher:

◆ wie Sie andere Menschen für sich gewinnen
◆ wie Sie erfolgreicher verkaufen und verhandeln
◆ wie Sie in jeder Kommunikations-Situation besser und überzeugender argumentieren
◆ wie Sie unnötiges Lampenfieber hinter sich lassen

Der Kassetten-Kurs bietet Ihnen den ebenso unterhaltsamen wie wirksamen Schnellkurs mit vielen Übungen. So haben Sie schnell erste Erfolgserlebnisse, und Sie entdecken, daß auch Sie frei und mitreißend sprechen können. Und das ist alles so spannend aufbereitet wie in einem Hörspiel. Rhetorik-Training ist der meistverkaufte Birkenbihl-Kurs überhaupt.

## Entdecken Sie, was Sie durch die Kraft Ihrer Worte erreichen können

„Rhetorik": die optimale Buch-Ergänzung zum Kassetten-Kurs. Der neue Bestseller von Vera F. Birkenbihl liefert Ihnen, was Sie brauchen, um zu einem selbstbewußten und überzeugenden Redner zu werden:

◆ wenn Sie vor einer Rede schon einmal unter Lampenfieber gelitten haben
◆ wenn Sie bei Meetings überzeugender sein wollen
◆ wenn Sie immer gebannte Zuhörer haben wollen

*Besonders praktisch:* Das A-Z-Register zum schnellen Nachschlagen: So haben Sie Antworten auf die wichtigsten Fragen zur Rhetorik immer greifbar.

**Vera F. Birkenbihl:**
**Rhetorik**

Buch, gebunden,
3. überarbeitete Auflage,
160 Seiten
**DM 29,90**

**birkenbihl**
g·r·u·p·p·e

# Alle Infos gratis für Sie reserviert

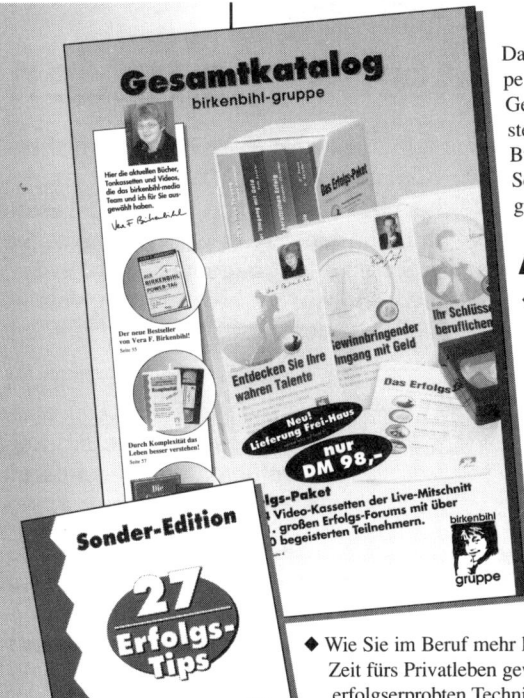

Das Team der birkenbihl-gruppe hat für Sie den kostenlosen Gesamtkatalog zusammengestellt: Jedes einzelne der Bücher, Videos und Kassetten-Seminare wurde ausführlich gesichtet und getestet.

## Aus dem Inhalt

◆ Sie erfahren, welche Bücher Vera F. Birkenbihl geschrieben hat und können sofort alle anfordern – auch alle Titel, die sonst nicht im Buchhandel erhältlich sind

◆ Wie Sie Ihre Kommunikations-Fähigkeit verbessern, um beruflich besser voranzukommen und privat glücklicher zu leben

◆ Wie Sie im Beruf mehr leisten und gleichzeitig mehr Zeit fürs Privatleben gewinnen. Profitieren Sie von erfolgserprobten Techniken von Vera F. Birkenbihl

◆ Wie Sie jetzt Englisch, Französisch, Italienisch oder Spanisch lernen – ohne Vokabeln und Grammatik zu pauken

◆ Wie Sie sich selbst und andere zu Höchstleistungen motivieren

◆ Wie Sie Ihr Denken positiv programmieren und damit Ihr Leben auf eine erfolgreiche Bahn lenken

*Fordern Sie jetzt Ihr Exemplar telefonisch oder per Fax an. Dazu erhalten Sie – ebenfalls kostenlos – die neue Sonder-Edition „27 Erfolgs-Tips" von Vera F. Birkenbihl.*

## Info-Hotline:
**Telefon 0 22 04/869 - 200**
**Fax     0 22 04/869 - 500**

birkenbihl-gruppe GmbH
Postfach 100 654
51406 Bergisch Gladbach
Internet: www.birkenbihl.de

birkenbihl
g·r·u·p·p·e

**Info-Telefon und Bestellhotline: 0 22 04/869 - 200**